Andreas Otto

Erwachtes Leben

Andreas Otto

Erwachtes Leben

Eine etwas andere
Afrika-Reise

Die Bibliografische Information der Deutschen Bibliothek

Die Deutsche Bibliothek verzeichnet diese Publikation in der Deutschen Nationalbibliografie; detaillierte bibliografische Daten sind im Internet über http://dnb.ddb.de abrufbar.

ORIGINALAUSGABE

Einbandmotiv: ›Pink Flamingo‹, © iStockphoto.com | Snowleopard1

Herstellung und Verlag: Books on Demand GmbH, Norderstedt

© 2011 Alle Rechte beim Autor

ISBN 978-3-8423-4283-5

Vorwort

Wie oft haben Sie sich die Frage gestellt: ›Wie wäre es, wenn …‹, und dann den Satz mit Ihren Träumen oder Wünschen vollendet? Wer hat sich nicht schon oft, durch einen Film animiert oder durch ein Buch in den Bann gezogen, gedacht: ›Ich würde auch gerne mal …‹ oder ›So hätte ich gern gelebt, geliebt oder gefühlt‹? Ich glaube, jeder hat das schon tausende Male getan.

Auch ich fragte mich häufig: Warum sollte ich nicht auch einmal das tun, wovon ich träume? Ich ergriff die Möglichkeit, die sich ergab, und lebte endlich das aus, was in mir seit Jahrzehnten kochte. Ich wurde wach und lebte meinen Traum.

Tauchen auch Sie doch einmal aus Ihren Träumen auf und versuchen Sie, einen davon zu realisieren. Sie werden vielleicht erkennen, dass Sie schon viel zu lange zwei Leben geführt haben, ein reales und ein unerfülltes. Vielleicht erweckt dieses Buch auch Ihr aufgespartes Ego, um endlich mal das zu tun, was Sie schon immer wollten, nämlich den Teil Ihrer Persönlichkeit auszuleben, der noch in Ihnen schlummert.

Vor einiger Zeit ahnte ich noch nicht, dass ich mir jemals einen Lebenstraum erfüllen würde. Es war nicht die Erfüllung ›Viele Millionen auf dem Konto‹, von denen viele so träumen. Es war auch keiner der Träume, wie sie uns in den Medien so vorgelebt werden. Nein, mein Traum war ein ganz anderer. Und die Erfüllung dieses Traums ermöglichte mir, mich selbst zu entdecken.

Ich möchte Sie nun mitnehmen auf meine Reise des Erwachens, durch ein Land, das mein Leben gravierend verändert hat.

KAPITEL 1

Kaffeeträume

Unmerklich erschien ich auf einer Leinwand, die sich Leben nennt und war auf einmal um die vierzig. Vorher war ich irgendwie Kind, Jugendlicher und später ganz toll erwachsen. Ich wurde geheiratet, wurde auch Vater und hatte nach all dem Normalen eine innere, immer anhaltende Traumwelt in mir aufgebaut.

Oft verschwand ich in diese Welt, zog mich innerlich zurück, um mit meiner Welt, diesen Träumen allein zu sein. Da spielten sich die tollsten Erlebnisse ab, meist in anderen Ländern, wohin ich mich permanent sehnte. Es war mir meistens ganz egal, wohin ich mich auf dieser Welt sehnte. Hauptsache weg, weit weg und frei, in der Natur leben und ohne jede Verpflichtung.

Ich war ein alt gewordener Träumer, der zusah, wie seine Kinder größer wurden und sich sorgte, regelmäßig seine Rechnungen zu bezahlen. Na, eben eine ganz normale Großstadt-Marionette der Gesellschaft, angepasst, unauffällig und gewöhnlich.

Ich sah jeden Morgen in den Spiegel und fand mich selbst zum Kotzen. Wie sehr ich diese ganze Sch... hier hasste. Jeder Tag war gleich. Er begann mit Straßenlärm, der mich jeden Morgen verfolgte, wohin ich auch ging, bis ich jeden Morgen, wie immer so gegen 5:30 Uhr, am Arbeitsplatz ankam. Halb verschlafen, aber immer stets freundlich, begrüßte ich meine Kollegen und sie mich. Der ganz normale Wahnsinn nahm also zum abermillionsten Male seinen ganz normalen Lauf.

Gedanklich bei einer Fernsehwerbung vom Vortag, in der es um Sonne, Strand und Meer ging, mit einem Automatenkaffee in der Hand, schob ich mich durch das Büro, bis ich meinen Schreibtisch erreichte. Was für ein spannender Augenblick. Ich döste so vor mich hin, dachte immer noch an diesen Werbegag, der am Abend im Fernseher gelaufen war. Da wurde eine Frau gezeigt, die an einer Bushaltestelle steht, im Regen natürlich, und sich an einen Strand in die Karibik wünscht. Und schwupp – man glaubt es kaum – lag diese Süße doch wirklich am Strand ihrer Begierde. Mich machte diese Werbung wahnsinnig. Es war ja klar, was durch diese Werbung provoziert werden sollte. Logisch – Bedürfnisse! Und was für Bedürfnisse? Auch logisch – Urlaub! Aber bei mir löste diese Werbung nur Frust aus. Jedem zweiten Zuschauer wurde spätestens an dieser Stelle klar, was für ein armes Schwein er ist – kein Geld, keine Zeit, kein Urlaub! Da waren sie wieder, meine drei Probleme.

Mich überkam ein kurzer, aber gewaltiger Aggressionsschub, der sich anschaulich dadurch bemerkbar machte, dass ich meinen ach so geliebten Automatenkaffee auf dem Schreibtisch vergoss. Ein irrer Tagesbeginn, dachte ich nur und holte erst mal richtig Luft – um mich im nächsten Augenblick schon wieder der beneidenswerten Werbetante zuzuwenden, die es geschafft hatte, einfach mal soeben an den Strand zu verschwinden. Ich träumte noch so circa vier bis fünf Minuten vor mich hin, verlor die soeben entfachte Aggression, winkte meiner Lieblingskollegin zu und verlor auch so langsam den Verstand. Nein – nicht wegen der Kollegin!

Oh Mann, und das um kurz vor sechs. Warum musste ich nur ein solches Leben führen? Ich bin doch blöd, waren meine letzten Gedanken, und im selben Augenblick war ich am Strand. Blödsinn! Schön wär's.

Ich wandte mich meiner Arbeit zu und war wie immer. Einer von Milliarden auf diesem Planeten. Boh, wie aufregend mein Leben doch war.

Am Abend, auf dem Heimweg, hielt ich bei meiner Mutter an und versprühte den Rest meiner Liebenswürdigkeit. Wie hielten Small Talk über dies und das, als würden wir ein Telefonat führen, als meine Mutter plötzlich sagte: »Hör mal, mein Junge, ich hatte dir vor einigen Monaten angeboten, eine Reise zu machen, die ich dir schenken möchte. Nur für dich, mal ohne Familie. Ich stehe noch zu meinem Angebot. Wie sieht's aus?«

Ich war auf einmal hellwach. Innerlich lehnte ich mich ganz cool zurück, schob mir einen Zigarillo zwischen die Zähne und sah mich selbst als Clint Eastwood. Äußerlich hingegen legte sich meine Stirn in Falten, und Schweißperlen traten behutsam auf dieselben.

Es war vor etwa einem halben Jahr, als mich meine Mutter das erste Mal fragte, ob ich nicht einen Traum hätte, den ich mir gern mal erfüllen möchte. ›Na klar, hunderte‹ war damals meine erste Reaktion, und im selben Augenblick fielen mir mindestens zweihundert Gegenargumente ein. Da waren nicht zuletzt meine Kinder und meine Frau … Ich hatte zwar einen ganz gesunden Egoismus, den ich hin und wieder mal auch auslebte, jedoch so eine große Sache, wie ich sie mir vorstellte, kam überhaupt nicht in

Frage. Na, wie auch immer, ich verwarf den Gedanken, träumte meine Träume und dankte meiner Mutter, die damals regungslos meine Entscheidung hinnahm.

Natürlich wusste meine Mutter nicht, warum ich abgelehnt hatte. Denn meine Vorstellungen, die ich hätte verwirklichen wollen, hätten wohl jedes Verständnis für Abenteuer im Keim erstickt. Wir sprachen zwar noch über meine nie ausgelebte Gier nach Freiheit und Abenteuer, der ich mein gesamtes Leben nachhinkte, ohne jemals darüber nachzudenken, ihr zu folgen und mein Leben zu leben.

Meine Mutter sah mich noch lange lächelnd an, dachte wohl an meinen verstorbenen Vater und sagte am Ende:

»Na, was ist? Du kannst es dir ja noch überlegen.«

Wie liebevoll diese Worte mich damals berührten. Nie werde ich vergessen, wie lange ich darüber gegrübelt habe, ob ich doch mal mein Ding machen sollte. Raus, endlich mal raus aus meiner Gesellschaftsjacke, die nicht nur viel zu eng war, sondern auch überhaupt nicht zu mir passte.

Als Kind war ich damals in Berlin aufgewachsen, hatte die Ferien in den Kärntner Bergen verlebt, dort unmerklich eine Hülle aus Naturenergien gebildet, die stärker und stärker wurde, um gewaltige Dinge zu durchleben. Jetzt, in einem Trümmerhaufen aus Muskeln, die ehemals trainiert worden waren, um bei körperlich herausfordernden Abenteuern nützlich zu sein, schleppte ich mich nun von Tag zu Tag einer gereiften Depression entgegen.

Wenn da nicht diese meine Gier nach Freiheit und die wiederholt gestellte Frage meiner Mutter gewesen wären — diese Frage, die mir nachhallte, als wäre ich in einer Höhle, durchbohrte meinen Bauch und mein Hirn. Ich war meinem Traum so nahe. Ich brauchte nur ›Ja‹ zu sagen! Was war denn daran nur so schwierig? Also nahm ich all meinen Mut zusammen, befragte meine Mutter, was ich an Möglichkeiten hätte und welchen finanziellen Spielraum sie mir geben wollte. Tausend Dinge schossen mir durch den Kopf. Ich musste sehr genau überlegen, was ich meiner Mutter erzählen würde, welche Art von Abenteuer ich mir so vorgestellt hatte, ohne ihr vor den Kopf zu stoßen. Das Gespräch ging dann noch circa zehn Minuten hin und her, bis wir beide wussten: Hier werden Männerträume wahr.

Mein Leben lang habe ich darauf gewartet, dass mich eine Kinoleinwand aufsaugt und in ein Abenteuer entführt. Meistens aber hoffte ich, dass mich irgendwie eine glückliche Fügung dahin bringen würde, wo ich mein halbes Leben lang hinwollte – in die Wildnis von Afrika!

Vielleicht denken Sie jetzt gerade ›Klar wäre es schön, seine Träume zu verwirklichen, aber wie?‹ Ich hoffe an dieser Stelle, dass es nicht am Geld liegt, was Sie daran hindert, denn das ist wirklich das größte Hindernis, das es zu überwinden gilt, um seine Träume zu erfüllen. Sollte sich jedoch herausstellen, dass nur Ihr eigener Wille oder Ihre Ängste sich dahinter verbergen, Ihre Träume zu verwirklichen, dann bitte ich Sie:

Legen Sie das Buch für kurze Zeit zur Seite, nehmen Sie sich einen Stift und schreiben auf ein großes Blatt Papier:

Ich erfülle mir meinen Traum!

Hängen Sie dieses Papier gut sichtbar irgendwo in Ihren vier Wänden auf – und *tun* es einfach. Gehen Sie los und realisieren Sie Ihren Traum. Es wird wahrscheinlich niemand kommen, der Ihnen Ihre Ängste nimmt oder Ihnen eine Tüte Zeit vorbeibringt!

Nehmen Sie sich die Zeit, planen Sie in aller Ruhe, was Sie erfüllt haben wollen, und setzen Sie es in die Tat um. Sie werden sehen, Ihr Leben ändert sich ab sofort. Sollte irgendetwas dazwischenkommen, halten Sie weiter daran fest. Den Zweifel gibt es ab sofort nicht mehr!

Finden Sie selbst Lösungen, wenn sich in Ihrer Planung Fragen ergeben, auf die Sie selbst keine Antwort haben. Holen Sie sich Rat und Informationen, wenn Sie Hilfe benötigen. Machen Sie auch mal Kompromisse, wenn Sie glauben, dass Ihre gesteckten Ziele Sie überfordern und überwältigen. Stecken sie sich in Ihrer Planung kleine Ziele, um Ihrem Traum Schritt für Schritt immer näher zu kommen, und Sie werden sehen, alles geht, wenn Sie nur wollen.

Afrika – was für ein Wort, wie oft habe ich davon geträumt, in Afrika zu sein, die Wärme zu spüren, Gerüche wahrzunehmen, Laute zu hören und Situationen zu durchleben, die sonst nur in den spannendsten Filmen vorkamen.

Selbstverständlich waren dieses Wort AFRIKA, das damit verbundene Abenteuer und alles, was dann im Vorfeld an Planung und Vorbereitung noch kam, ein Reizthema für meine Frau. Denn als ich an diesem Abend nach Hause kam, gab es nur noch ein Thema. Natürlich hatten wir oft über mein Vorhaben gesprochen, auf das meine Frau jedoch sehr zurückhaltend reagierte und für das sie jedes Verständnis vermissen ließ.

Nun musste ich mir anhören, dass ich in einer Midlifecrisis stecken würde, dass ich undankbar und wahrscheinlich sogar depressiv war.

Vielleicht stimmten ja all die Vorwürfe. Aber niemand dachte darüber nach, dass mir einfach nur was fehlte. Diese Lust nach Freiheit, zu spüren, dass man lebt, *richtig* lebt! Und nicht nur das triste Dasein einer Wohlstands-Marionette zu führen, zu der ich hin erzogen wurde, ohne mich zu wehren.

Meine eigene Erkenntnis, zu wissen, was mir in meinem Leben noch fehlte, kam nur sehr langsam. Es waren persönliche Niederschläge, die ich habe verdauen müssen, ohne dass immer jemand anderes hierfür verantwortlich war. Da waren meine Scheidung, der Verlust meiner Arbeit, permanente Geldsorgen, schwere Erkrankungen, der Tod meines Vaters und noch viele kleine Nackenschläge, die mich oft innerlich zusammenfallen ließen. Wenn da nicht immer und immer wieder meine Familie gewesen wäre, die mir den Rückhalt in meinem Leben gab und dafür sorgte, dass ich trotz allem ein schönes Leben hatte. Und dennoch wuchs in mir eine Person, die etwas *mehr* wollte.

Afrika – endlich sollte ich *ich selbst* sein dürfen, denn darauf kam es mir an. Endlich würde ich sehen, was mir jahrelang verborgen blieb. Endlich würde ich spüren dürfen, was in mir steckt und wer ich eigentlich bin. Nie konnte ich leben, wie ich gerne leben wollte. Und nur mal so am Rande: Jeder Dritte, so glaube ich, lebt ein Leben, das überhaupt nicht zu ihm passt.

Nach meiner intensiven Unterredung mit meiner Mutter durfte ich mich nun über eine Menge finanzieller Zuwendung erfreuen und begab mich auf die Suche nach ei-

nem geeigneten Partner, der mit mir gemeinsam die Reise
meines Lebens planen sollte.

KAPITEL 2

Die Planung

Draußen schneite es das erste Mal. Es war Anfang November, und ich hatte nicht einmal vier Monate Zeit, um mich vorzubereiten. Die folgenden Tage und Wochen verbrachte ich damit, mich körperlich und geistig auf diese Reise einzustellen.

Es war schon geplant, ein richtiges Abenteuer zu durchleben, ohne jedoch zu wissen, wie das eigentlich geht. Im Kino oder im Fernseher war das immer so einfach: Die Guten überlebten, und alles wurde gut. Ich verwarf meine verdrehten Gedanken über Abenteuer und Kinoquatsch und motivierte mich mit meinem Ziel, frei zu sein. Ich wollte endlich einmal frei sein, von was auch immer, und lebend in Deutschland wieder ankommen. Selbst wenn diese Freiheit nur einige Wochen und Monate dauern sollte.

Von da an war ich immer gut gelaunt, hatte Energien, die ich in meinen abendlichen Waldläufen voll einsetzen konnte, und meine mir zuvor angedichtete Midlifecrisis war auf einmal verschwunden. Ich ging dreimal in der Woche ins Fitness-Studio, wo ich neben meinem Ausdauertraining auch meine Muskelkraft verbesserte. Selbst wenn dieses Training nur wenige Wochen und Monate dauern würde, so war ich jedenfalls besser in Form als zuvor.

Nie hätte ich einen Gedanken daran verschwendet, eine lustige Fernreise zu planen, wie es übermüdete, träge Möchtegern-Helden durchziehen. Ich war mir meiner Ziele und der darin enthaltenen Aktivitäten ganz sicher und nahm mir vor, drei oder vier Länder per Auto, zu Fuß und mit dem Kanu zu bereisen.

Mein erster Planungsabschnitt bestand anfänglich darin, eine Reiseroute zu wählen, die mich zeitlich und finanziell in einem Rahmen hielt. Selbstverständlich dachte ich immer dabei an meine Familie. Denn die machte sich mehr und mehr Sorgen, nachdem sie mitbekommen hatte, was ich da vorhatte. Die weitere Planung beschränkte sich darauf, die Ausrüstung zusammenzustellen und mich über jede Menge Bücher herzumachen, die mir theoretisches Wissen vermittelten. Pflanzen, Tierkunde, Klima und so weiter waren die Hauptthemen. Bereits bei der Lektüre der Bücher verfiel ich in eine Art Trance.

In Wirklichkeit war ich schon längst nicht mehr in Deutschland. Immer und immer wieder ertappte ich mich dabei, Fehler bei der Arbeit zu machen, meiner Frau nicht richtig zuzuhören und meinen Kindern zu wenig Aufmerksamkeit zu schenken. War ich ein schlechter Ehemann? Ständig plagte mich mein Gewissen. All die Dinge, die ich jahrelang pflegte und gerne lebte, waren nun in einem nebligen Dunst der Unwichtigkeit gehüllt. Ich konnte mich nicht so richtig dagegen wehren. Immer war ich in Gedanken bereits in Namibia oder Botswana. Und wenn ich ehrlich bin – ich war auch ganz froh darüber, denn sonst hätte ich das Loslassen von meiner Familie nicht bewältigt. Loslassen – ein Abnabeln der besonderen Art.

Meine Vorbereitungen im logistischen Bereich gestalteten sich schwierig. Keiner konnte mir sagen, wie viel Wasser oder Trockenfleisch ich für eine gewisse Strecke benötigen würde. Am Anfang würde ich ganz alleine unterwegs sein – eine nicht ganz zu unterschätzende Tatsache. Vor allem die allgemeine Sicherheit rückte immer mehr in den Fokus.

Ein erster Schritt war ein spezielles Überlebenstraining, welches ich mit einigen ehemaligen Soldaten der US-Armee durchführte, die noch zum Teil in Berlin leben und hin und wieder diese Survival-Trainings anboten. Das Training bestand darin, Hindernisse zu überwinden, in voller Marschausrüstung zu marschieren und sumpfiges Gebiet zu durchqueren, gewisse Verhaltensmuster in der Natur zu verinnerlichen und zu lernen, sein Leben in der Abgeschiedenheit selbst zu meistern. Dieses Belastungstraining sollte auch meine Psyche stärken. Regelmäßig schluckte ich Dreck, holte mir blaue Flecken an allen Stellen des Körpers und verbarg schlammige Reste in jeder nur erdenklichen Ritze. Es war eine Lehre, die ich nicht mehr missen möchte. Ich lernte, was alles essbar ist, wo überall Flüssigkeiten versteckt sind und wie man mit Hilfe eines Schilfhalmes keimfreies Wasser trinken kann. Unterweisung im Kleintierfallenstellen und Waffenkunde hingegen gab es nur wenig. Wir wurden zwar im Gebrauch mit Waffen geschult, jedoch nur für den Fall der Verteidigung, wie uns immer wieder eingebläut wurde.

Dieses Wissen über die Dinge, die einem das Leben in der Natur garantieren oder zumindest annähernd garantieren, war eine wichtige Ruhequelle.

Meine Familie sah dem ganzen Treiben recht gelassen zu, wobei sie keine Gelegenheit ausließ, mich zu veräppeln. Jedenfalls tat sie oft so, als hätte ich sie nicht alle. Oft auch fast gleichgültig, als wäre ich mal eben für eine Woche an der Ostsee.

Die gesamte Tour hatte ich mit einer Agentur geplant, die bekannt dafür war, Survival-Trips zu organisieren.

Die meiste Aufmerksamkeit für solche ›Allein-Touren‹ galt der Gesamtsicherheit in verschiedenen Ländern und Regionen. Natürlich gab es im *Irgendwo* kein Klo oder jede Menge Tankstellen, wenn man mal eine benötigen sollte. Meine Planungsagenten hatten jedoch immer dafür gesorgt, mir feste Ziele einzubauen, die ich zu erreichen hatte, um über Funk nach einigen Tagen eine Nachricht zu hinterlassen. Somit war für jede Woche eine Situation eingeplant, wo ich eventuell Wasser, Proviant oder andere lebenswichtige Dinge zum Überleben bekam – so weit die theoretische Planung. Doch was war zu tun, wenn ich mit dem Wagen liegen blieb, mich verirrte oder unterwegs krank werden würde?

Während der Besprechungen, die oft mehrere Stunden gingen, erwähnten sie, auf was ich dann besonders zu achten hätte, um nicht noch tiefer in Schwierigkeiten zu versinken oder gar die Kontrolle zu verlieren. Das klang jedes Mal alles sehr einleuchtend und logisch. Aber keiner konnte mir natürlich im Vorfeld sagen, was wirklich kommen würde. In dieser Einsamkeit zu verschwinden und nie gefunden zu werden, war so wahrscheinlich und möglich wie die Tatsache, dass Elefanten nun mal nicht fliegen können.

Wenn ich so richtig überlege, verging eigentlich keine Besprechung ohne diese Horrorszenarien, die jeder von denen bereits hinter sich hatte. Einige von ihnen waren in freier Natur tagelang ohne Nahrung gewesen und hatten sich mit dem, was die Natur so hergab, selbst versorgen müssen. Andere verirrten sich so sehr, dass sie nur durch viel Glück gefunden wurden. Einer von ihnen war während einer Tour so schwer verletzt worden, dass er Fieber bekam und von Einheimischen zwei Monate lang versorgt werden musste.

Und so reihte sich eine Story an die andere. Das gab diesen Meetings immer so eine besondere Note, von der ich meiner Frau nie etwas erzählt habe. Dennoch lachten wir ausgelassen und verpackten diese Storys mit jeder Menge beruhigender Argumente. Man gab mir immer wieder zu verstehen, dass das Leben nie einfach so aufhört. Denn die, die zu Tode kamen, hatten bereits aufgehört zu existieren, als sie nicht darüber nachdachten, was es heißt, zu überleben. *Überleben* war also das Zauberwort.

Nach diesen Belehrungen war es absolut schön, so viele neue und nette Leute mit den gleichen Gefühlswelten kennengelernt zu haben.

Die Schulungsräume selbst, wo wir planten, waren voll mit Mitbringseln aus verschiedenen Ländern, sodass jeder, der hier geschult wurde, einen tiefen Einblick in die Kultur der unterschiedlichsten Völker bekam. Die Wände waren bestückt mit übergroßen Landkarten von Namibia, Botswana und den angrenzenden Staaten.

Ich wusste ganz genau, wo ich überall hinwollte. Meine Route sollte wie folgt verlaufen: Von Berlin über Frankfurt am Main nach Windhoek in Namibia. Eine Strecke, die vor mir bereits millionenfach geflogen wurde. In Windhoek dann wollte ich mir einen Geländewagen mieten, der mich durch Namibia bringen sollte. Erst nördlich durch den Etosha National Park und dann quer durch den Caprivi. Zwischendurch ein paar Tage nach Angola und dann ab nach Botswana.

Der Caprivi ist ein Gebiet in Namibia, welches an Angola im Norden und Botswana im Osten grenzt, die beiden Länder, in die ich ebenfalls reisen wollte. Große, bekannte Flüsse trennen zum Teil diese Länder voneinander, zum Beispiel der Okawango, der Kwando oder der Linyanti, um nur einige von ihnen zu nennen. Angola wollte ich nur für ein bis zwei Tage besuchen und Botswana dann im Anschluss, wo ich die meiste meiner Zeit verbringen wollte. In Botswana liegt das Okawango Delta mit seinen unzähligen Flüssen, Seitenarmen, Sumpfgebieten und den ebenfalls unzähligen Moskitos, oft mit sehr anstrengenden Passagen und Hindernissen, die weder vorher einzuplanen noch später zu umgehen waren.

Na klar, es war wichtig zu wissen, was für negative Einflüsse dort auf einen warteten. Daher war es für mich ebenso selbstverständlich, gesundheitliche Vorsorge zu treffen, mir die notwendigen Medikamente in Berlin zu besorgen und meine Impfungen gegen diverse Krankheiten wie Malaria, Tollwut und andere Infektionen abzuholen. Es gibt in Afrika unzählige Bakterien, die unser europäischer ›Wohlstandskörper‹ nicht kennt. Besonders in den sehr zentral gelegenen Ländern, ohne Ausnahme.

Während dieser Zeit der Vorbereitung trafen wir bei einer größeren Festlichkeit in Berlin auf zwei entfernte Bekannte, die seit Jahren bereits Südafrika für sich entdeckt hatten. Die beiden sympathischen Weltenbummler, die im Gegensatz zu vielen anderen Reichen, die wir so kennen, etwas anderes von der Welt sehen wollten als nur den Strand von Mallorca, wussten genau, wovon ich so träumte. Diese zwei redeten mich in Grund und Boden, als ich von meinen Plänen zu erzählen begann. Es war herrlich! Die Flut an Informationen und die vielen Erfahrungen, die sie in ihren Reisen bereits gesammelt hatten, versuchte ich aufzusaugen. All die vielen Erlebnisse, die sie bereits erlebten, auch wenn das nichts war im Vergleich mit dem, was ich vorhatte, bereicherten mich enorm. Alles an diesem Abend verschwamm um mich herum in den Gedanken an Afrika. Die zwei gaben mir noch eine Adresse eines deutschstämmigen Farmers in Namibia, wo ich unbedingt auch noch hin sollte. Alle meine Fragen, die ich geradezu überschlagartig hintereinander stellte, sodass die zwei kaum zum Luftholen kamen, wurden sorgsam und immer mit einer gewissen belächelnden Skepsis beantwortet.

So richtig geglaubt haben die zwei mir wohl eher nicht, wenn ich tiefer ins Detail meiner Abenteuerreise ging, zum Beispiel wenn ich erzählte, dass ich per Einbaum und zu Fuß allein oder mit einem Guide unterwegs sein wollte. Es war für sie ein Unding, allein durch Afrika zu reisen, ohne Gruppe und ohne Reisegesellschaft, mit all dem Pipapo. Ich würde ihrer Meinung nach nie wieder nach Hause kommen. Sie fragten mich natürlich auch Dinge, die sie sehr wohl für wichtig und erwähnenswert hielten. Meine Antworten hingegen waren für sie oft nicht nachvollziehbar, vor allem weil ich sehr locker mit allem umging, Gefahren abtat, als hätte ich bereits ihre Erfahrungen. Da waren zum Beispiel meine Ausflüge ins Nichts ohne die gewohnte Sicherheit, die sie für sich immer mit einplanten. Ansonsten fanden sie meine Reise ganz interessant, da sie selbst bereits mehrfach in den meisten dieser Länder gewesen waren und auch gerade dabei waren, eine außergewöhnliche Kongoreise fürs Folgejahr zu planen. Es war für mich ein besonderer Abend, den ich so schnell nicht vergessen werde.

In den folgenden Tagen plante ich diese Zwischenstation auf der Farm der deutschen Familie in Namibia mit ein. Dadurch verschoben sich einige andere zeitlich eingeplante Abschnitte; das war mir aber irgendwie auch völlig schnuppe. Ich tauchte immer tiefer in meine Planung und versank für Tage in Landkarten, die mittlerweile den größten Teil unserer kleinen Wohnung bedeckten. Es war schon fast eine Sucht, die Wohnung in ein Planungscamp zu verwandeln – ein Zustand, der zu Hause nicht immer auf Zustimmung traf. Meine Planungen und mein Training dauerten circa vier Monate, jeden Tag.

Die letzten Tage vor meiner Abreise vergingen dann wie im Flug. Ob ich auch alles bedacht und eingeplant hatte? Wenn nicht, dann musste ich eben sehen, wie ich weiterkam. Ansonsten war ich auf meine Improvisationskünste angewiesen. Übrigens ein Talent, das ich wirklich besitze. Immer, wenn es richtig dicke kommt, wie wir in Berlin sagen, dann komme ich so richtig in Fahrt.

Ein beruhigendes Gefühl, wenn man seine Qualitäten kennt. Dies war auch ein wesentlicher Bestandteil meines mentalen Trainings: sich selbst zu kennen und zu erkennen. Selbstsicherheit darf jedoch nicht in Selbstüberschätzung abdriften. Selbsteinschätzung basiert auch auf der Tatsache, dass Schwächen nicht ignoriert werden. Bei aller Euphorie bremste ich mich hin und wieder und hoffte, dass ich meine Energien ohne spektakuläre Actionszenen in Afrika einteilen könnte.

Ich glaubte, so weit an alles gedacht zu haben, und verstaute meine komplette Ausrüstung, sodass eine Woche vor Abreise meine Ausrüstung nur noch auf einem kleinen Fleck in der Wohnung stand. Alles war so weit erledigt, und ich hatte nur noch wenige Tage bis zum Start.

Wenn ich das Warten nicht mehr aushielt, lief ich stundenlang durch den Wald. Immer seltener hielt ich es noch aus, hampelte hin und her, war dünnhäutig wie Pergamentpapier, und meine Nerven waren zum Zerreißen gespannt.

Was mir sehr half, waren die vielen Ideen meiner kleinen Tochter, die mir ganz genau sagte, auf was ich alles zu achten hätte. Sie war auch ständig dabei, mir bunte Perlenketten und Armbänder zu basteln, die ich den Kindern in Afrika schenken sollte. Ich müsse aber auch jedem Kind erklären, von wem diese bunten Ketten waren, indem ich den Kindern ein Bild von ihr zeigen sollte.

KAPITEL 3

Loslassen

In der letzten Nacht schlief ich nicht einmal zwei Stunden. Ich war hellwach. Ein Zustand, der mir echt gefiel.

Zuletzt hatte ich dieses Gefühl gehabt, als ich das erste Mal, zwanzig Jahre zuvor, in Kanada unterwegs war, wo ich bereits meine ersten Erfahrungen mit Abenteuern sammeln konnte. Eben das gleiche Gefühl, wie wenn man nackt auf einem Ameisenhaufen sitzt oder so. Ich nenne es wach sein, leben, tausend Volt im Körper, irgendwie wacher sein, wie ich es sonst kannte.

Und dann kam der Morgen meiner Abreise. Der Wecker hatte nicht einmal die Chance, mich wach zu machen, da ich sowieso kaum geschlafen hatte und bereits munter war. An diesem Morgen war das Klingeln eine Erlösung. In wenigen Minuten war ich gewaschen, angezogen und gebügelt.

Meine Frau sprach kaum ein Wort mit mir. Ich denke, sie war nun aufgefüllt mit Sorgen, Ängsten und Bedenken. Alle machten sich fertig, und eine Stunde später saßen wir im Auto, um mich zum Flughafen zu bringen.

Meine Mutter war auch zum Flughafen gekommen, sah aber nicht sehr glücklich aus, da sie während meiner Vorbereitungszeit immer mehr Informationen erhalten hatte über die Dinge, die ich in Afrika so vorhatte. Nie hatte sie geglaubt, dass ich eine solche Reise machen würde, schon gar nicht allein.

Auf einmal machten sich alle Sorgen, »Mach dies, tu das, vergiss nicht …«, und das Beste kommt noch: »Pass auf dich auf!« In keinem Drehbuch dieser Welt würde dieser Satz jetzt stehen, dachte ich in diesem Moment, weil, Helden passen doch immer auf sich auf. Außerdem passiert denen doch nie etwas.

Ich wollte nur noch weg. Ich hatte das Gefühl, schnell alles hinter mir lassen zu müssen, damit mir ja nichts mehr dazwischenkommen konnte, meinen Traum zu erfüllen. Kaum zu glauben, wo ich doch meine Mädels so liebte. Ich weiß bis heute nicht, was ich da verdrängte. Ich war zu diesem Zeitpunkt mächtig unter Hochspannung. Mich nervte dieses Gejammer und ich tat nun selbst so, als würde ich eben an die Ostsee fahren. Da mir Abschiedsszenen nicht besonders liegen und schon überhaupt nicht an diesem Tag, blickte ich nachdenklich nur noch geradeaus.

Am Flughafen angekommen sprachen wir mehr aneinander vorbei als miteinander, eben belangloses Zeug, um die restlichen Minuten noch totzuschlagen. Ich sah in die Augen meiner Frauen und war ergriffen. Ich musste da sofort weg. Schnell checkte ich ein, küsste alle noch mindestens hundertmal und ging dann weg.

Alles war auf einmal so leer und lautlos. Mein Bewusstsein verfiel in eine Art Zeitlupe. Alle starrten mich an, was kein Wunder war, denn ich war bereits im Safarilook, mit Profilsohlen-Boots, Marschgurt, Rucksack und meinem Hut gegen die Sonne. Farblich natürlich abgestimmt in Khaki und Grün.

Ich drehte mich noch einmal kurz um, winkte meinen Mädels zum letzten Mal zu, als sich die milchglasmattierte Tür des Zollbereichs hinter mir schloss.

Das Boarding im Anschluss verlief reibungslos. Ich bestieg die Maschine, lehnte mich zurück und suchte von meinem Fensterplatz aus meine Familie, die hoffentlich noch auf der Zuschauerterrasse des Flughafens stand, um mir noch einmal zu winken. Aber da war niemand mehr.

Der Start war normal, die Landung dann in Frankfurt auch, und der Weiterflug nach Namibia wurde verzögert, da die Maschine vier Stunden Verspätung hatte. Meine Begeisterung für diese Verspätung hielt sich in Grenzen.

Ich trank einige Bierchen und fühlte mich völlig losgelassen. Meine innere Anspannung fiel langsam von mir ab. Der Blick nach draußen aufs Rollfeld war großzügig. Es schneite, denn es war Anfang März, viel zu kalt und ich grinste. Eben noch verunsichert, war ich mir eine Minute später sicher, dass ich genau das Richtige tat. Tausend Dinge gingen mir durch den Kopf. Es war doch eigentlich *so* einfach. Ich fühlte mich super. Man stieg mal eben in ein Flugzeug und kaum dass man ein, zwei Bierchen ausgetrunken hatte, sprach man auch schon Afrikaans. Natürlich nicht! Nichts war einfach! Aber das musste es auch nicht sein. Denn auch die Mühe, die es kosten würde, meinen Traum zu verwirklichen, würde ein Teil meiner neuen Erfahrungswelt werden.

Von meiner Schwester hatte ich noch in Berlin ein kleines Reisegeschenk bekommen. Sie schenkte mir eine Trillerpfeife, die ich mir wohl um den Hals hängen sollte, um im Busch vorbeifahrende Boote auf mich aufmerksam zu machen, wie es in der letzten *Titanic*-Verfilmung am Ende gezeigt wurde. Spaß beiseite. Natürlich steckte hinter diesem Geschenk sehr viel Überlegung, die mir sehr schnell bewusst wurde, als ich die Pfeife ausprobierte. Diese kleine, verchromte Trillerpfeife war so extrem laut, dass es mir in den Ohren wehtat. Sollte ich also in gefährliche Nähe zu wilden Tieren treten, so sollte ich mit aller Kraft in die Pfeife blasen, um sie in die Flucht zu schlagen. Anfangs musste ich schmunzeln, aber als ich sie mir um den Hals hängte, fühlte ich mich irgendwie sicher. Zu dieser Trillerpfeife bekam ich noch ein schwarzes, ledernes Tagebuch. Zuerst dachte ich, was soll ich denn damit? Aber im Verlaufe meiner Reise wurde mir die Bedeutung dieses Buches nicht nur sehr bewusst, sondern es war geradezu eine Erleichterung für mich, hineinschreiben zu können.

Nach der vierstündigen Verspätung bestiegen alle die, die nach Namibia wollten, die Maschine.

Nach einigen Flugstunden wurde ich doch etwas müde und wollte die Nacht über komplett durchschlafen. Aber wie das so ist in einer voll besetzten Maschine, alle und jeder machten Krach. Okay, dachte ich, schob mir meinen Hut ins Gesicht und ignorierte das, was ich als so störend empfand, um irgendwann doch noch in den Schlaf zu kommen. Ich stellte fest, dass ich so viele Menschen auf einem so engen Platz nicht mag. Dennoch verströmte jeder Einzelne von den Passagieren gute Laune, mit der Aussicht auf Urlaub. Vielleicht war ich auch einfach nur zu müde.

Der Flug verlief ohne jede Besonderheit, nur dass es im Flieger so aussah, als hätten die Türen während des Fluges offen gestanden. Alles lag herum. Die Stewardessen stiegen mit stoischer Ruhe und Höflichkeit über Berge, die sich mittlerweile in den Gängen angehäuft hatten. Bemerkenswert waren auch die Ausdünstungen, die jeder so von sich gab. Ansonsten war alles okay.

Dann die Landung in Windhoek. Als die Durchsage des Kapitäns zur Landung ertönte, wurden die Insassen sehr beweglich. Es wurde noch enger. Jeder suchte etwas. Die Berge aus Klamotten, Decken und Unrat lösten sich so langsam wieder auf, als wären sie nur zum Klettern für die Stewardessen gedacht gewesen. Den gesamten Text des Piloten auf Englisch habe ich nicht wirklich mit Interesse verfolgt. Als jedoch die Wettervorhersage durchkam, waren, außer den Triebwerken, alle mucksmäuschenstill.

»... 28 °C und maximale Windstärke 2 aus Nord-West.« Was für eine Durchsage! Danach erleichtertes Gemurmel. Die freudige Erleichterung tat sich noch lauter kund, als die Vorhersage noch mehr Wärme ankündigte. ›34 °C‹ und ›kein Regen‹ wurden vorhergesagt.

Es war Anfang März und die Freude bei den Europäern ja nicht ganz unberechtigt. Denn in ›Good Old Germany‹ war tiefster Winter bei 10 °C unter Null, und wir flogen in den Süden, den angesagten 28-34 °C über Null entgegen. Dazu kam, dass ja normalerweise zu diesem Zeitpunkt in Südafrika je nach Region auch die Regenzeit einsetzte – von daher also verständliche Freude.

Alle wühlten, packten, und die Gesichter wurden immer lebendiger. Auf einmal redete jeder mit jedem in mindestens sechs verschiedenen Sprachen. Ich erfuhr sogar, welches Sternzeichen meine Sitznachbarn hatten und welche Unterwäsche sie am nächsten Tag tragen würden. Dann setzte die Maschine zur Landung an. Im Landeanflug konnten wir schon lange vorher das Land Namibia sehen – ein aufregender Augenblick. Ich bemerkte, wie mein dauerhaftes Grinsen sich in allen Gesichtern widerspiegelte. Das Rucken beim Aufsetzen war eine Erlösung.

Ich hatte es geschafft – ich war in Afrika. Mein Traum hatte sich zum Teil erfüllt. Der Beginn eines Abenteuers, wie sich später noch herausstellen sollte.

Für viele, die bereits oft in Afrika waren, ist die Tatsache, in Namibia zu landen, nichts Besonderes. Das alleine war es auch nicht. Denn ich saß noch fest angegurtet und hatte noch nicht einmal einen Fuß auf dieses Land gesetzt und war dennoch voller Begeisterung und voller Erwartungen auf das, was noch kommen sollte.

Die Maschine kam zum Stillstand, und die Türen öffneten sich. Der Wärmestrom, der sich stoßartig ins Flugzeug schob, war die Reise schon wert. Aber da fing alles erst richtig an. Wir stiegen aus, ich machte noch schnell die ersten Fotos, und immer grinsend sagte ich mir ›Ich hab es echt geschafft‹ und dachte dabei an meinen Vater, denn er war im tiefsten Herzen ebenfalls ein Abenteurer gewesen, hätte sich aber nie irgendwelchen Gefahren ausgesetzt. Ihm hatte es gereicht, von vielem nur zu träumen.

Die nächste Stunde war ausgefüllt mit Gepäckausgabe, Zollabfertigung und so weiter. Das letzte ›Tschüss‹, ›Mach's gut‹, ›Bis bald‹ hörte man so im Vorbeigehen bis zum Bus, der mich in eine weiter entfernt gelegene, kleine Privatunterkunft brachte. Es war ein schönes Land, vom Flughafen quer durch Windhoek bis zu meiner Unterkunft auf der Lodge.

Alles war schön. Ich genoss diese vielen ersten, neuen Eindrücke, die Namibia so anbot, und war doch überrascht, wie viel moderne Lebensart mir hier begegnete. Da waren zunächst die vielen gut und sehr elegant gekleideten Frauen und Männer, die auf mich den Eindruck machten, als gäbe es in Afrika gar keine Armut. Natürlich war mir bewusst, dass es in den Großstädten Afrikas auch jede Menge Luxus gibt, dennoch spürte ich eine Atmosphäre der Selbstverständlichkeit. Entgegen meinen ersten Eindrücken konnte ich mir aber überhaupt nicht mehr vorstellen, dass nur ein paar hundert Kilometer weiter die absolute Wildnis herrschte.

Meine innere unterschwellige Kritik, die sich in mir breit machte, als ich dann später kreuz und quer durch Windhoek fuhr, hielt länger an, als ich dachte, nachdem ich diesen Kontrast zwischen Armut und Reichtum doch noch zu sehen bekam. Natürlich wusste ich, dass es Armut in Afrika gibt. Was ich jedoch als anstößig empfand, war dieses Extrem. In der City liefen sie in Nobelklamotten herum, und dreißig Meter hinter der Stadtgrenze lagen die Menschen auf der Erde und waren ihrem Untergrund farblich fast angepasst. Selbstverständlich kannte ich diese Bilder aus den Fernsehdokumentationen und Berichterstattungen, doch die Wirklichkeit war brutaler, als ich gedacht hatte.

Ich nahm mir vor, diese Stadt mit ihrer Geschichte und ihren Kontrasten nur noch zu streifen, denn ich wollte was anderes. Ich wollte in die Wildnis

Auf dem Weg zu meiner Unterkunft fiel mir besonders auf, dass in den Außenbezirken jedes der schönen Häuser mit mehreren Zäunen versehen war, hinter denen Wachhunde bellten. Einige sahen aus wie der Hochsicherheitstrakt einer Goldmine oder eines Gefängnisses. Wer es sich leisten konnte, und das waren die meisten dort, hatte Kameras rings um das Haus angebracht, und ein oder mehrere Wachposten in Uniform bewachten das Anwesen.

Eine Seite, die mir nicht besonders gefiel. Wie naiv ich doch war! Lange brauchte ich nicht, um mich an diesen Anblick zu gewöhnen.

Der Empfang in der ersten Unterkunft war sehr herzlich. Ein großes eisernes Tor öffnete sich, und die gesamte Belegschaft empfing mich. Das war so ein bisschen wie nach Hause kommen. Die vielen Hände, die ich drückte, waren warm und weich. Alle lachten mich an, als würden sie mich bereits kennen.

Ein Empfang, der in Deutschland undenkbar wäre. Diese Wärme, die von den Menschen ausging, sollte ich während meiner gesamten Reise erfahren. Von da an nahm ich mir fest vor, das Benehmen und dieses Wohlstandsklischee der dort einreisenden reichen, weißen Gesellschaft niemals anzunehmen.

Früh am Nachmittag sah ich mich im Haus und auf dem riesigen Grundstück um. Ich wollte nach der langen Anreise einfach nur noch laufen. Im Garten war natürlich ein riesiger Pool. Der Garten selbst sah aus wie ein kleiner Golfplatz, weitläufig, großzügig, alles grünte und blühte. Kakteen, Palmen und jede Menge blühendes Strauchwerk wechselten sich im Überfluss ab. Wo wohl das ganze Wasser zum Bewässern herkam? Ich setzte mich vor den Pool und genoss die weite Aussicht in das Land meiner Träume, während ich zum ersten Mal realisierte, dass ich umgeben war von einer rauen, karg bewachsenen Landschaft, die voller Leben steckte. Von dort oben, in leichter Hügellage, überwehten mich die vielen Gerüche, die mir noch sehr fremd waren. Alles war so gewaltig, so unsagbar riesengroß. Der Blick in die Steppe, die am Horizont mit dem Himmel verschmolz, war geschaffen, um gemalt zu werden. Erst wollte ich Fotos davon machen, die diesen Augenblick festhalten sollten. Es ging aber nicht. Dieses Panorama und diese Stimmung würde ich auf keinem Foto dieser Welt festhalten können. Ich genoss also die wohltuende Sonne und die Ruhe, zog mein durchgeschwitztes Hemd aus und ließ mich fallen. In zwanzig Metern Entfernung sah ich sechs spielende Erdmännchen, die unablässig ihre Umgebung im Auge behielten.

Ich wusch mein Hemd aus und kassierte nach dem Aufhängen die erste klare Ansage meiner mir zugeordneten, deutsch sprechenden Nanny, die mich bat, niemals selbst meine Wäsche zu machen, das sei *ihre* Aufgabe. Ansonsten würde sie nämlich Ärger bekommen. Da die Hausherrin und der Hausherr an diesen und den folgenden Tagen beide nicht zugegen waren, hatte sie das Kommando. Sie war in ihrer Ansprache so liebenswert und anständig, dass es mir peinlich war, mein Hemd selbst gewaschen zu haben. Ich musste diese Regel wohl akzeptieren, ob ich wollte oder nicht.

Im Laufe des Nachmittags notierte ich mir für den morgigen Tag, was ich alles zu erledigen hatte, und verbrachte den Abend bei einem Glas Rotwein mit der niedlichen, etwas rundlichen Nanny. Sie erzählte mir, dass sie eigentlich *Anita* heiße, aber von den englischen Gästen immer Nanny genannt werde. Ich wollte sie nicht so nennen und fragte sie, ob sie etwas dagegen hätte, wenn ich *Anni* zu ihr sagte. Das war okay für sie, und ich musste mich nicht mehr wie ein Engländer fühlen, und außerdem sagte ihre Oma auch immer *Anni* zu ihr. Sie gab mir noch diverse Tipps, was ich wo einkaufen sollte, und war ganz überrascht, dass ich das alles alleine machen wollte. Ein Zustand, den sie für absolut ausgeschlossen hielt.

Und dann erlebte ich meinen ersten Sonnenuntergang. Der gesamte Himmel tauchte sich in eine Mischung aus hellgelblich, dann leicht grünlich bis hin ins Blau. Kurze Zeit später wurden die Gelbtöne immer intensiver, orangefarbener, bis hin ins tiefe Rotorange und dunkler. Die gesamte Breite meines Panoramas hüllte sich in eine farbige Stimmung, die ich so noch nie gesehen hatte. Eine tiefe Ruhe breitete sich in mir aus.

Leise zwitscherten kleine Vögel, die im Hintergrund die ganze Zeit schon für eine beruhigende Stimmung sorgten. Später wurden sie immer leiser, bis nichts mehr zu hören war. Nur die Grillen waren noch aktiv, auf die sich Fledermäuse stürzten, die sich im Scheinwerferlicht der Nachtstrahler ihre Abendmahlzeit besorgten.

Es war meine erste Nacht in Afrika.

Obwohl die Sonne bereits weg war, war der Horizont noch relativ hell. Der Himmel über mir jedoch war schnell tiefdunkel geworden. Ein riesiges Sternenmeer tat sich über mir auf. Unbeschreiblich! Dieses Wort wurde mir zur Gewohnheit im Laufe meiner Reise. Es wurde kühl, und ich wurde hundemüde, sodass es Zeit war, ins Bett zu gehen.

Nach dem Frühstück stand Anni mit Lars auf der Terrasse. Sie sagte mir, dass mich Lars den ganzen Tag über begleiten würde, um meine Besorgungen zu machen. Lars war ein etwa hundert Jahre alter schwarzer Mann, der sich bei ihr etwas dazuverdiente. Natürlich war er keine hundert Jahre alt. Er sah aber so aus. Beim Rausgehen flüsterte Anni mir noch zu, dass ich ihm jedoch kein Geld für diese Gefälligkeit geben sollte, mit einer Schachtel Zigaretten sei es auch getan. Sie passte auf ihn auf, als wäre er ihr Sohn. Dabei war er bestimmt vierzig Jahre älter als sie und im Vergleich mit ihr wirklich schwarz. Sie wollte wohl nicht, dass er sich Schnaps kaufte.

Ich war jedenfalls froh, dass er dabei war, denn er zeigte mir ganz erhebliche Unterschiede beim Einkauf des Proviants. Trockenfleisch, Trockenfrüchte, Büchsen, Tütensuppen, Eier und so weiter machten den Großteil meiner Nahrung aus, die ich für die kommenden Wochen benötigte. Wasserkanister für mindestens zwei Wochen und H-Milch ohne Ende sollten meine Nahrung noch ergänzen. Geschenke kaufte ich keine, da ich von Deutschland aus bereits einige Geschenke mit im Gepäck hatte, die mir den Zugang zu den Einheimischen erleichtern sollten.

Meine kleine Tochter Antonia hatte schon Wochen vor meiner Abreise bunte Perlenketten und Armbänder für die Kinder in Afrika gebastelt. Sie bestand energisch darauf, den Kindern, denen ich diese Ketten später schenken sollte, zu erzählen, dass *sie* diese Ketten für die Kinder gebastelt habe. Ich sollte auch ein Bild von ihr mitnehmen, um den Kindern dann zu zeigen, wer meine Tochter in Deutschland ist.

Nach meinen Einkäufen gingen wir den bereits in Deutschland angemieteten Geländewagen abholen. Ein eher belangloser Vorgang. Mit den Papieren, Schlüsseln und der Ausrüstung des Fahrzeugs bekam ich auch eine Kompletteinweisung für diesen Wagen. Alles, aber wirklich alles war an Bord, sogar einen kleinen Kühlschrank für die Eier und meine Milch hatte ich. Oft dient dieser Kühlschrank dem Transport von Schlangengift, wie mir der alte Lars erzählte. Ich überlegte wirklich, ob ich mir einige Gegengiftampullen besorgen sollte, denn genügend Giftviecher gibt es ja nun wirklich im Busch. Ich verwarf diesen Gedanken schon bald und freute mich über noch mehr Nahrungsmittel, die ich mitnehmen konnte. Der weiße Toyota hatte eine riesige Ladefläche, wo ich alles super verstauen konnte. Er führte zwei Reserveräder mit, und an den Außenwänden des Laderaums hingen Reservekanister für Sprit und Wasser. Das Einzige, was mir fehlte, war ein Funkgerät – kaum zu glauben, aber wahr. Die Beladung des Wagens und die Überprüfung meiner Ausrüstung sowie eine ordnungsgemäße Zuordnung aller griffbereiten Dinge füllten den Rest des Tages. Am Abend war ich dann früh im Bett und schrieb in mein Tagebuch die ersten wichtigen Notizen.

Ohne geweckt zu werden stand ich um 6:00 Uhr bereits in der Küche und trank den ersten Kaffee, wie sich Anni ihn machte. *Anni* – was für ein blöder Name für diese gestandene Persönlichkeit. Der Kaffee erinnerte mich an den Kaffee, wie meine Freunde in Kärnten ihn trinken: zwei Löffel Kaffeepulver, frisch gemahlen, Wasser drauf, zwei Löffel Zucker und nur so viel Milch, dass die Farbe von Schwarzbraun ins Dunkelbraun übergeht. Mir war er eindeutig zu stark, und so ließ ich den Kaffee und Anita zurück.

Es war ein sehr kurzer Abschied, als wäre ich morgen schon wieder da – Anita war toll.

Auf der Suche nach der richtigen Ausfahrt durch Windhoek verfuhr ich mich noch mehrmals und gewöhnte mich ziemlich schnell an das Links-Fahren. Ich ließ die Stadt nach circa einer Stunde hinter mir und fuhr nur noch geradeaus. Von null auf sofort ließ ich Windhoek hinter mir, war mittendrin in der unendlichen Weite von Namibia. Nun gab es kein Zurück mehr. Nur noch nach vorn. Denn, ob ich wollte oder nicht, um nach Hause zu kommen, musste ich meine geplante Route einhalten. Dieser Gedanke steckte wie ein Pfeil in meinem Kopf.

Es regnete – Stunde um Stunde verging. Während der Fahrt genoss ich diese riesige, nie endende Weite von Namibia, die kleinen Orte und mein erstes richtiges Gefühl von Freiheit. An dieser Straße gab es viele kleine Dörfer mit Lehmhütten, die in ihrer Anordnung und Bauweise noch sehr urtümlich waren und nur aus Stroh und Lehm bestanden. Unvorstellbar in unserer heutigen Zeit, dass Menschen noch so leben. Schnell gewöhnte ich mich an diese Landschaft mit diesen Dörfern, die mir meine Fahrt sehr abwechslungsreich gestalteten. Je länger ich mir die Dörfer und Hütten ansah, umso deutlicher wurde mir der Sinn dieser Bauten bewusst. Denn sie wurden seit Jahrtausenden so gebaut und gehörten nicht nur hierher, vielmehr war es wohl so, dass die einfache Bauweise auch so gewollt war, da sich eine gewisse Lebensqualität darin verbirgt.

Den Beweis dafür bekam ich später auf meiner Reise, als ich in einem Dorf in Angola zu Abend eingeladen wurde. Für die meisten sind diese Hütten und Dörfer für immer ihr Lebensmittelpunkt und ihre Kultur. Ich erfuhr, dass viele ihrer Bewohner die Möglichkeit hatten, in eines der unverputzten Steinhäuschen zu ziehen, die hin und wieder angeboten wurden. Der überwiegende Teil jedoch zog die alte Art Häuser vor.

Zu gern hätte ich öfter angehalten, um mich mit diesen Menschen zu unterhalten. Aber ich hielt es für unangebracht, dort einzudringen. Dazu kam mein vollgestopfter Tourenplan für die erste Woche. Denn ich musste ja nicht nur regelmäßig wo ankommen, sondern war auch vertraglich verpflichtet, den Wagen nach einer Woche wieder abzugeben, um dann mit dem Kanu weiterzufahren. Undenkbar, dass ich auf diesem ersten Abschnitt irgendwo hängen blieb oder mich verfuhr. Denn mehr als einen Tag Differenz durfte ich nicht haben. Das war zwar nur eine meiner gestellten Aufgaben, aber eine der wichtigsten.

Der Wagen lief super, ich fuhr und fuhr. Tausend Dinge schossen mir während der Fahrt durch den Kopf: mein verstorbener Vater, der immer bei mir ist, meine Mutter, die mir das alles ermöglicht hatte, meine kleine Familie und der ganze Trödel, den man so zu Hause gelassen hatte. Dieses stundenlange Autofahren bei offenem Fenster und warmer Luft gab mir viel Zeit, über sehr vieles nachzudenken, was mir half, den Kopf einmal richtig frei zu bekommen. Es begann wieder zu regnen, als ich meinen zweiten oder dritten Stopp machte.

Bei meinem ersten Meeting mit dem Planungsteam in Berlin hatte man mir geraten, mich nie weiter von meinem Wagen zu entfernen, als ich ihn jederzeit schnell erreichen könnte. Der eine Grund war Diebstahl und der andere, wesentlich wichtigere Grund waren die Löwen. Löwen? Na klar! Die soll es ja in Afrika geben.

Bei meinem ersten Stopp waren diese Gedanken in mir sehr wach – das erste Mal, dass ich mir meiner Einsamkeit so richtig bewusst wurde. Es war keine Angst, dass es dort bereits Löwen gab, denn ich war noch mindestens zweihundert Kilometer vom Etosha Park weg – so dachte ich jedenfalls. Aber was sind dort schon zweihundert Kilometer? Nein, vielmehr war dieses Gefühl, die erste Regung von Unsicherheit geboren. Und das zu Recht: Ich war allein, ich hatte kein Gewehr, alles war noch sehr fremd, und seit zwei Stunden nicht *ein* entgegenkommendes Fahrzeug. Und das war schon sehr allein.

Ich spürte, wie sich mein Körper langsam an diese ihm noch fremde Umwelt gewöhnen wollte. Ich bekam Kopfweh, und übel war mir auch schon seit ein paar Stunden. An die Umstellung hatte ich gar nicht gedacht. Aber das war doch klar – wir hatten dort mindestens 25 °C. Und in Deutschland hatte ich noch vor zwei Tagen 10 °C unter Null. Das waren mal eben 35 °C Unterschied. Sch... egal, dachte ich und nahm einige Tabletten. Denn krank durfte ich nicht werden! Ich blickte in die Landschaft, die sich vor mir wieder auftat. Es war beeindruckend, wie sich die Steppenlandschaft mit gleichmäßig verteiltem Baumwuchs und Buschwerk weiträumig ausdehnte. Und diese Gerüche!

Ich stand da, roch irgendetwas Tierisches, wusste nur noch nicht, was – bis ich einen großen Haufen Tierkot entdeckte. Er war noch ganz warm. Alles war still. Mich überrieselte ein Schauder. Es war ein irres Gefühl. Zum einen dachte ich: ›So weit können wir noch nicht sein‹, und auf der anderen Seite: ›Wer waren die, die sich hier ihres Mageninhalts entledigten?‹ Viele unverdaute Gräser, kleine Ästchen und sogar Samen konnte ich im Dung erkennen. Alle meine Sinne waren in Hochspannung. Ich war angekommen! Ich begann die Tierstimmen um mich herum wahrzunehmen, schloss meine Augen und vertiefte mich in diese Stimmung.

Dann regnete es wieder. Ein schöner Anblick, wie nur wenige Wolken ihre nasse Ladung ausschütteten und die Sonne hinter dem Regenguss wie ein Scheinwerferstrahl die Bühne beleuchtete, die sich vor mir auftat.

Weiter in Richtung Norden kam ich noch durch einige kleine Dörfer, bis ich das erste Schild zum Etosha National Park (NP) sah. Vor mir eine abfallende, endlos erscheinende Straße, die am Ende immer spitzer wurde und im Horizont verschwand. Ich musste anhalten. Die Sonne kam wieder durch, es war sofort wieder heiß, und in der Weite ergoss sich noch der Regen wie ein bunter Schleier, der nun die Unterstützung eines Regenbogens bekam. Auf der Straße vor mir sah ich einige Frösche, die die Straße von rechts nach links überquerten. Wo die wohl alle herkamen? Ich sah weit und breit kein Wasser, keinen See oder sonst eine größere Wasserstelle. Wo wollten die alle hin? In der Entfernung sah ich mit dem Fernglas, das ich immer neben mir auf dem Sitz hatte, dass diese Froschparade dahinten immer enger und gedrängter wurde. Wie sollte ich denen allen bloß ausweichen? I

Kaum dass ich ein paar Meter gefahren war, überholte mich wie aus dem Nichts ein hellblauer Jeep. Bei Tempo Hundert zerfetzte dieser Wagen eine ganze Froschlegion. Eine Tatsache, der ich nicht mehr ausweichen konnte, überrollte mich in dem Moment. Diese Froschparade war hierhergekommen, um zu sterben?! Ich ließ also meinen Wagen weiterfahren, und unter mir entstand eine Geräuschkulisse der besonderen Art. Wie über eine Million herumliegende Äpfel überfuhr auch ich diese Million Frösche. Grausam, aber wahr. Auch das war hier völlig normal. Denn es war Regenzeit, und der Fortpflanzungstrieb der hüpfenden Froschlaichproduzenten ließ sich nicht aufhalten, schon gar nicht durch mich. Lange ging diese Folter unter meinem Auto nicht, und ich erreichte nach einigen Stunden Fahrzeit den Etosha National Park.

Bereits vor circa einer Stunde veränderte sich die Landschaft. Wo vorher noch leichte Hügel waren, breitete sich weites Flachland aus. Der Bewuchs war nicht mehr so dicht, und die Tiere um mich herum wurden auch immer mehr. Es gab auch schon die ersten Giraffen, Zebras und Impalas zu sehen. Auf einmal waren sie da, erst ganz weit entfernt und dann immer näher. In Deutschland dachte ich, ich würde ausflippen, wenn ich die ersten wilden Tiere sähe. Aber im Gegenteil. Sie grasten hier und zogen ihrer Wege, ganz so, wie ich das aus dem Fernseher kannte. Sie gehörten einfach hierher wie die Kühe auf unseren Weiden. Es gab also überhaupt keinen Grund, auszuflippen. Natürlich war das etwas anders hier als die Kühe auf einer Weide bei uns! Immer öfter hielt ich an, um diese wunderschönen Tier zu beobachten.

Kaum dass ich stand, raschelte und piepste es um mich herum. Der Motor war aus. Wieder stieg dieses neue Gefühl der bewussten, hundertprozentigen Wachsamkeit in mir auf. Gleichzeitig stieg bei mir die Lust des Entdeckens. Ich folgte vorsichtig diesen Geräuschen und entdeckte lauter kleine, am Boden laufende Vögel. Ihr Gefieder war gräulich marmoriert, vom Hals aufwärts bis zum Kopf immer blauer werdend. Sie suchten ganz aufgeregt piepsend nach Samen und Körnern. Also völlig entspannt, ohne dass diese Tiere eine Gefahr witterten. Ich machte Fotos, und dann ging es weiter.

Später, an der Einfahrt zum Etosha-Park, war ich wieder völlig allein. Auch zuvor auf dieser Landstraße: kein einziger Wagen. Mich begrüßte eine in Uniform gekleidete junge Afrikanerin. Sie wollte alle meine Papiere sehen und machte mit ihrer starren Körperhaltung klar, wer hier das Sagen hatte. Ich musste noch bezahlen, und dann ging's weiter.

Obwohl ich dort in Namibia, im geschichtlichen Deutsch-Südwest-Afrika war und viele dort deutschstämmig leben und auch sprechen, ist die Amtssprache leider Englisch.

In Gedanken an die vielen tausend Menschen, die hier jedes Jahr einfallen, war ich froh, mir diese Reisezeit ausgesucht zu haben. Ich mag es nämlich überhaupt nicht, wenn ich irgendwo hinkomme, wo ich etwas entdecken möchte, und bereits die Busse mehrerer Reiseveranstalter mit ihren Heizdecken-Omis sich die Klinke in die Hand drücken. Das war zu dieser Zeit Gott sei Dank anders. Ich war überwiegend ganz allein und immer stärker kam in mir das Gefühl auf, absolut frei zu sein. Ich war meiner persönlichen Traumwelt von Afrika schon sehr nahe.

Die Straßenverhältnisse hatten sich geändert. Ich fuhr nun auf staubigem, fast weißem Schotterboden. In unregelmäßigen Abständen schlugen Steine in meinen Unterboden, die für eine polternde, unruhige Fahrt sorgten. Ich musste mich etwas ranhalten, damit ich vor der Dämmerung noch im ersten Camp ankommen konnte. Ich unterließ es jedoch nicht, mir die vielen Tiere anzusehen, die mich ab sofort begleiteten. Immer und immer wieder kreuzten sie meine Fahrbahn, sodass ich mich schon fast daran gewöhnt hatte, als wie aus dem Nichts, direkt neben mir, ein Elefantenbulle stand. Nicht einmal sechs bis acht Meter von mir weg stand er da. Mein Herz raste. Da ich gerade dabei war, ein am Hinterteil verletztes Zebra zu fotografieren, und somit abgelenkt war, hatte ich diesen Riesen, der aus dem Dickicht der Sträucher kam, überhaupt nicht bemerkt. Er war wunderschön, dachte ich euphorisch. Bevor ich noch ein Foto machen konnte, bewegte der Elefantenbulle sich direkt auf mich zu, indem er einige schnelle Schritte in meine Richtung machte und dabei bedrohlich den Kopf senkte. Mein Herz schlug mir bis zum Hals. Ich ließ meine Kamera fallen, machte den ersten Gang rein, hielt mich ganz fest am Lenkrad fest und blickte gleichzeitig in den Rückspiegel, als ich mit Vollgas das Weite suchte.

»Verdammt«, fauchte ich, »wie konnte ich den bloß übersehen?!«

Nach einigen Metern blieb ich stehen, drehte mich um, freute mich und brüllte vor Freude. Na und? Es war ja keiner da! Ja – ich war wirklich ganz für mich allein und glücklich. Ich überlegte noch, ob ich aussteigen und ein paar Fotos machen sollte, als dieser Riese wieder einen Scheinangriff startete. Nun war Schluss! Ich ließ ihn in Ruhe, hing beim Weiterfahren aus dem Fenster mit dem Blick nach hinten und freute mich wie ein Kind. Kurz danach wurde mir meine soeben erlebte Situation erst bewusst. Denn was waren schon sechs bis acht Meter? Nichts! Wenn der wirklich gewollt hätte, wäre ich jetzt platt.

Ich glaube, von da an wuchs mein Respekt vor dieser Natur, in der ich mich befand, um hundert Prozent. Auch die Bewunderung und der Respekt für diese Tiere wurden im Laufe der weiteren Tour durch Afrika noch um ein Vielfaches stärker. Ich freute mich über mein kleines Erlebnis und merkte, wie schnell ich dazulernte. Es war mein erstes kleines Abenteuer.

Im Rückspiegel sah ich aus sicherer Entfernung den Elefantenbullen mit aufgestellten Ohren, den Rüssel in der Luft, als wollte er wissen, wer ich war, den staubigen Weg überqueren. Sein unmissverständliches Brüllen sagte mir eindeutig: ›Wehe, wenn ich dich hier noch mal sehe.‹ Ich jedoch lachte laut und nahm es mehr wie eine nette Verabschiedung hin. Innerlich sagte ich: ›Tschüss, mein Freund.‹ Es dauerte bestimmt eine Stunde, bis ich mich wieder beruhigte.

Nach einigen Kilometern sah ich ganz dicht ein paar Giraffen. So dicht wie der Elefant zuvor standen diese beeindruckenden, friedfertigen Langhälse an der Straße, wo sie genüsslich von diesen dornigen Akazien fraßen, die dort überall herumstanden. Aber wo war mein Fotoapparat? Na klar, er lag noch immer da, wo ich ihn zuvor hatte fallen lassen. Er sollte eigentlich auf dem Beifahrersitz liegen, lag aber am Boden. Aber warum ausgerechnet fraßen sie diese Akazien dort, direkt an der Straße? Logisch, es konnte nur meine Gesellschaft sein, die sie suchten. Einen besseren Grund konnte es dafür nicht geben. Entgegen der Anweisungen, nicht in der Nähe wilder Tiere auszusteigen, stieg ich dennoch aus meinem Wagen. Na klar – ich musste mal! Denn wenn man mal müssen musste, dann durfte man auch aussteigen. Allerdings kam ich nicht dicht genug an die Tiere heran, dazu standen sie nun doch ein wenig zu weit weg. Wozu auch, fragte ich mich, denn groß genug waren sie ja eigentlich. Ich hatte schon als kleiner Junge immer das Gefühl, alles Tierische anfassen zu müssen, was mir so über den Weg lief. Und hier waren es eben Giraffen und Zebras.

Meine Mutter erzählte mir, dass ich mit circa sechs Jahren eine völlig verdreckte, nasse Ratte nach Hause gebracht hatte, um sie zu pflegen und aufzuziehen. Nach Beschreibung meiner Mutter soll die Ratte so groß wie ein Dackel gewesen sein. Zum Leidwesen meiner Mutter schleppte ich als Kind alles nach Hause, was ich fangen konnte. Ich glaube, das ist heute noch so, denn jedes Jahr muss meine Frau irgendwelche Tiere ertragen, die ich verwundet oder angefahren an der Straße finde.

Während der Fahrt verfolgte mich ein wunderschöner bunter Vogel. Er leuchtete vom Kopf über den Rücken in Rosa und am Bauch in Hellblau. Es war ein Roller. Erst dachte ich, ich bilde mir das ein mit dem Begleitflug. Aber jedes Mal, wenn ich anhielt, landete er auf einem nahe gelegenen Baum. Diese Begleitung hielt bestimmt vier bis sechs Minuten an. Bevor ich ihm jedoch Sprechen beibringen konnte, verschwand er wieder, in entgegengesetzter Richtung. Ein echt süßer Fratz. Wieder grinste ich minutenlang vor mich hin.

Am Himmel sah ich dann den ersten Geier, der mir die ersten Tierkadaver zeigte. Meistens waren sie am Bauch geöffnet oder, bis auf den Kopf, völlig aufgefressen. Nie lagen ihre toten Körper am Straßenrand, als wären sie überfahren worden wie die vielen überfahrenen Tiere auf unseren Autobahnen. Die Geier am Himmel wurden nun mehr und mehr, und ich konnte von der vorgesehenen Piste einem ausgefahrenen Buschweg folgen, der mich direkt zum Kadaver führte. Es war ein kleiner Schakal. Wer weiß, woran er gestorben war, denn aufgebrochen war er nicht. Tiere waren nun überall um mich herum: Oryxe, Antilopen, Gnus, Impalas, Giraffen, Warzenschweine und so weiter und so weiter. Seiten könnte ich mit der Vielzahl an Tieren ausfüllen, die ich überall noch sah. Eigentlich ging alles viel zu schnell mit dem Auto. Dieses traumhafte Land mit einem Offroader zu durchqueren war selbstverständlich eine bequeme Art sich fortzubewegen. Dieses Land hat aber mehr Aufmerksamkeit und würdevollere Behandlung verdient, als es heutzutage üblich ist. Man müsste zu Fuß mit den Tieren durch dieses Land gehen, um ein natürliches Verhältnis zu allem zu bekommen. Aber wer würde das machen? Die Zeit für solche Naturmärsche hat kein Mensch.

Nach einigen Stunden im Etosha National Park kam ich dann endlich in mein erstes Camp. Es war eingezäunt mit einem Maschendrahtzaun, der mit Stacheldraht durchflochten war. Hier und da geflickt, wies er dennoch zahllose Löcher auf. An den Rändern dieser Löcher entdeckte ich jede Menge Haare. Man musste also kein Hellseher sein, um hier den regen abendlichen Tierverkehr zu erkennen. Dieses Camp hieß *Okaukuejo*.

Ich musste feststellen, dass ich dieses Camp viel schneller hätte erreichen können. Auf der Karte sah ich später, dass ich einen riesigen Umweg bis dorthin gefahren war. Egal, es ging ja nicht um Schnelligkeit. Dennoch sollte ich mir solche kleinen Fehler von mal eben sechs Stunden später nicht mehr leisten.

Ich meldete mich ordnungsgemäß bei der Station an und suchte mir einen etwas außerhalb gelegenen Stellplatz für mein Auto. Dieses Camp war fast leer. Wahrscheinlich normal für diese Jahreszeit, denn es regnete seit circa zwei Stunden. Für mich war es genau richtig. Das Einzige, was ich gerne gehabt hätte, wäre ein Telefon gewesen, um mal meine Frau anzurufen und ihr zu sagen, dass ich noch lebe. Aber alles war geschlossen. Das Einzige, was frei zugänglich war, war ein völlig verkommenes Duschhaus mit WC. Nie würde ich dieses WC besuchen, waren meine ersten Gedanken beim Anblick dieser Örtlichkeit. Dieses Camp hatte auch einen Pool und ein richtiges kleines Restaurant, wo wohl früher einmal die feine Gesellschaft diniert hatte. Ich stand vor diesem alten, fast verfallenen Lokal, verfiel gedanklich in eine Zeit vor etwa hundert Jahren und hörte Stimmen.

Alles fing an zu leben. Das Lokal war festlich einge-deckt, Kerzenstrahler brannten in überflüssigen Mengen, eine kleine Kapelle spielte deutsche Bar-Musik, und das Gemurmel der Stimmen wurde immer lauter. Menschen lachten, die Gespräche waren ausgelassen, hin und wieder das Klingen überschäumender Sektgläser. Leichte weiße Vorhänge bauschten sich in der heißen Nachtluft nach draußen, und die schwarze Bedienung bekam ihre Anwei-sungen von einem deutschen Offizierskellner, wobei die schwarzen Kellner sich unterwürfig nach vorne beugten.

Stopp, dachte ich. In dieser Sekunde glaubte ich zu spin-nen. Ich hörte auf zu träumen, denn ich stand mitten im Regen und hatte doch eigentlich für das alles keine so rich-tige Verwendung. Es war definitiv der falsche Zeitpunkt, um zu träumen. Mein Begehren war doch, einen Platz zu finden, der einigermaßen trocken war. Denn mittlerweile stand hier alles unter Wasser. Das ganze Land war eine einzige Reisenpfütze.

Ganz am Rande des eingezäunten Camps fand ich dann eine Stelle, die nicht komplett unter Wasser stand. Ich baute das erste Mal mein Zelt auf, welches sich auf dem Dach des Wagens befand. Endlich konnte ich auch mal meine nasse Kleidung ausziehen. Alles musste aber sehr schnell gehen, denn es wurde immer dunkler. Ich sah noch die Umrisse der Buschlandschaft, Vegetation, die sich um das komplette Camp anschloss, bis durch den leicht rieselnden, dichten Regen im Dunkeln nichts mehr zu erkennen war. Man konnte fast zusehen, wie es dunkler und dunkler wurde. Innerhalb von zehn Minuten wurde alles duster.

Im Zelt dann schrieb ich meine ersten Zeilen in mein Tagebuch, aß, was ich so hatte, und wollte dann eigentlich schlafen. Das klappte auch so weit ganz gut, denn ich war hundemüde. Ich schlug eine Falte in mein Kissen, quetschte und drückte es noch zehnmal hin und her und grinste selig vor mich hin. Ich war nass, aber glücklich. Kennen Sie dieses Gefühl noch?

Nach etwa einer Stunde wachte ich auf. Mein Herz schlug, als hätte ich gerade zehn Kilometer im Dauerlauf hinter mir. Ich riss die Augen auf und war sofort hellwach. Alles war dunkel! Ich hörte meinen ersten Löwen brüllen. Und da – noch einer – nur etwas weiter weg. Ich dachte an die aufgerissenen Löcher im Zaun und an die Tatsache, dass ich ziemlich dicht am Zaun liegen würde. Alles, was mir jetzt noch fehlte, war ein Löwe auf dem Dach dieses Wagens. Ich lauschte die ganze Nacht, hörte Geräusche, die ich nie in meinem Leben zuvor gehört hatte. Ich glaube, das war so eine Nacht, die niemand so wirklich braucht. Ich öffnete vorsichtig die Zeltwand, sah ein tiefes Blauschwarz und war bis in die Haarspitzen angespannt.

Das Schlimmste kommt aber noch. Ich musste mal. Ja, ich musste und hatte echt nicht den Schneid, da rauszugehen. Wer weiß, wie weit weg die Löwen waren – hatten sie schon gefressen? Meine Gedanken bekamen eine Dynamik, die mich schlaflos hielt. Alle meine Sinne waren für Stunden hellwach. Natürlich fand ich noch eine leere Mineralwasserflasche, die mir geradezu wie ein Geschenk des Himmels vorkam. Irgendwann schlief ich dann ein. Während dieser Einschlafphase hörte ich die Löwen abwechselnd brüllen. Die Entfernung abzuschätzen gelang mir nicht, denn es fehlten mir die Erfahrungen. Eine Tatsache, die ich unbedingt ändern wollte und musste. Das Gebrüll veränderte sich in Lautstärke und Tonart, sodass ich nicht genau wusste, ob die Löwen nur aus Einsamkeit brüllten oder jemanden suchten. Es war so ein bisschen wie telefonieren. Hin und her gingen diese Gespräche. Ich gewöhnte mich so ganz langsam daran und glaubte Unterschiede in den Stimmen zu erkennen. Nach und nach verlor ich meine Angst und war froh, dass ich diese neuen, wunderbaren Geräusche hören durfte. Denn wenn Löwen nicht mehr zu hören sind – dann wird's echt spannend.

Am nächsten Morgen kletterte ich aus meinem Dachzelt, überprüfte meine Sachen und füllte meinen Wassertank mit dem Regenwasser, das sich in der Dachplane gesammelt hatte. So eine Dachplane war super. Sie hing so tief durch, dass ich wie an einem Waschbecken meine Morgenwäsche nehmen konnte. Aber wo waren die Löwen? Es waren nur ein paar Vögel in meiner Nähe.

Beim Abbauen meines Lagers sah ich ab und zu mal

nach hinten, wo die Löcher im Zaun waren, um böse Überraschungen zu vermeiden. Aber wie zu erwarten tat sich da nichts. Als ich so zusammenpackte, kam ein Ranger auf mich zu, stellte sich vor und fragte mich, wer ich sei, wo es hinginge und so weiter – so belangloses Zeug eben –, bis er mir erzählte, dass er deutsche Vorfahren habe und diesen Zaun nach Spuren absuche, weil er in der letzten Nacht die Löwen gehört habe. Er sparte sich jedoch die Frage, ob ich die Löwen auch gehört hatte. Ich fragte ihn, wie weit die Löwen letzte Nacht von uns entfernt gewesen waren.

Er sagte: »Na, da hinten, wo die kleine Baumgruppe ist, na, so circa fünfzig Meter.«

Mir wurde ganz anders, als ich das hörte. Er verzog keine Miene dabei, als er mir das sagte, und erzählte mir noch die tollsten Storys. Eine davon werde ich wohl nie vergessen: Vor ein paar Monaten, so erzählte er mir, sei ein Hochzeitspaar da gewesen und feierte die ganze Nacht durch. Als sie beide in ihr Zelt wollten, blieb der Bräutigam draußen, um nicht in dem stickigen Zelt schlafen zu müssen. Ihm war schlecht. Er legte sich draußen auf eine Decke vor das Zelt und schlief ein. In der Nacht dann musste seine junge Frau mit anhören, wie ihr völlig betrunkener Mann von den Löwen aufgefressen wurde. Und das sei kein Märchen, sagte er noch.

Eine wahrlich beruhigende Geschichte, um sorglos durch Afrika zu reisen! Nach dieser netten Unterhaltung gaben wir uns noch die Hand, wobei er mir meine fast zerquetschte, und gingen dann unserer Wege, als würden wir uns noch irgendwann einmal wiedersehen.

Dieses Gefühl, dass man sich irgendwann noch einmal

wiedersehen würde, hatte ich später noch öfter. Aus Europa und speziell aus Deutschland kannte ich das jedenfalls nicht. Es war eine spürbare Verbindlichkeit, für die es eben keiner Worte bedurfte.

Ich machte mich auf den Weg durch den Etosha in Richtung Norden. Der zweite und auch der dritte Tag vergingen wie der erste Tag in der Etosha-Pfanne. Ich fuhr umsichtig und aufmerksam durch die Pfanne, sah die schönsten Tiere, die sich beim Grasen und Wiederkäuen ungestört fotografieren ließen, und erlebte schöne, erlebnisreiche Situationen.

So begegnete ich einem Fotografen in einem Jeep, der seit vielen Jahren in München lebt und für eine deutsche Tierzeitschrift in der ganzen Welt unterwegs ist, um eindrucksvolle Fotos zu machen. Wir unterhielten uns eine Weile von Auto zu Auto und folgten wenig später einer kreisenden Geierflotte. Wir fuhren natürlich runter von der im Etosha vorgeschriebenen Fahrroute, um ganz dicht an die kreisenden Geier zu gelangen. Bereits im Landeflug sahen wir, auf was sie sich da stürzen wollten. Es waren die Reste einer Giraffe, die in der Nacht zuvor gerissen worden war. Ich gab mir Mühe, all diese Eindrücke aufzusaugen, machte Fotos, ließ mich innerlich hin und wieder mal fallen, um die Einsamkeit und die endlos erscheinende Weite zu genießen. Der Münchner Fotograf verließ ziemlich rasch die Landebahn der Geier und verriet mir vorher noch, auf was ich in dieser Gegend besonders zu achten hätte. Ich beobachtete die Aasgeier bei ihrem Festmahl und war mittendrin im Geierstreit um die besten Happen. Manches Mal saß ich auf der Motorhaube, krempelte mir meine Hemdsärmel und Hosenbeine hoch, nahm mein

Fernglas und die Wasserflasche und blickte stundenlang nur so in die Gegend. Besonders imposant und herrschaftlich erschienen mir die Oryxe. Mit ihren säbelförmigen, riesigen Geweihen ließen sie keinen Zweifel aufkommen, was sie tun würden, wenn jemand ihnen zu nahe rückte. Tiere, die erst oft nur schwer durch das Fernglas zu sehen waren, außer dem Großwild wie Elefant, Giraffe, Oryx und Co, kamen näher und näher, bis sie wieder am Horizont oder im Buschland verschwanden. Die Gefühle für dieses Land, die immer stärker wurden, sind mir bis heute gegenwärtig.

Am letzten Tag im National Park schlief ich in einem Camp namens *Namutoni*. Geschichtlich gesehen für die Deutschen erhaltenswert, ist es für die Einheimischen lediglich eine Geldquelle und die Möglichkeit, den deutschen Urlaubern in ihr wohlhabendes Gewissen zu reden. Dieses Camp, ein ehemals deutsches Ford, ist ganz in Weiß gestrichen, das sich jedoch nicht gerade in einem Vorzeigezustand befand.

Die deutsche Geschichte ist hier noch sehr lebendig, da die *Herero* zu Hunderten gegen die Deutschen gefallen waren. Die Überlebenden wurden damals zu Zwangsarbeit verpflichtet, woran viele erkrankten und starben. Bis heute fordert das Volk der Herero eine Wiedergutmachung, die längst überfällig ist. Dort in Namibia wäre es nur richtig, zu zahlen. Deutschland könnte bei dem Volk der Herero das Geld sinnvoller verschenken als anderswo in Afrika, wo sich korrupte Staatsdiener die Taschen voll machen.

Na, wie auch immer – ich sah mir das Ford genauer an, ging noch in das kleine Museum, bevor ich mein Zelt aufbaute. Ich erfuhr bei der Anmeldung, dass dort ein Telefon existiert, welches sogar funktionierte. Einige Minuten später konnte ich dann das erste Mal meine Familie in Deutschland anrufen.

Ich hatte Glück. Meine Frau war zuerst dran. Sie war merkwürdig kurz angebunden und verhalten am Telefon, was mich dazu bewegte, das Gespräch schneller als geplant zu beenden und aus meiner Erlebniswelt zu löschen. Eine ziemlich ärgerliche Situation. Denn ich freute mich, sie endlich erreicht zu haben, und sie tat so, als hätte ich sie beim Pinkeln gestört.

Wer weiß, was sie damals bewog, so ein Gespräch mit mir zu führen. Ich fühlte mich ziemlich mies, schüttelte mich innerlich wie ein staubiger Elefant und genoss den Sonnenuntergang bei einem Glas Wein. Na klar, Wein hatte ich bei meinem letzten Einkaufstag in Windhoek auch gekauft. Ich dachte mir, wenn ich mal an einem schönen Abend in Gedanken an meine liebe Frau meine Sehnsucht nach ihr ertränken wollte, wäre ein Weinchen genau das Richtige.

Später erzählte mir meine Frau, dass sie eigentlich jeden Tag darüber nachdenken musste, ob ich wohl noch lebe, und wenn ich dann mal anrief, konnte sie kaum etwas herausbringen. Ich selbst verschwendete nie einen Gedanken daran, dass mir etwas zustoßen könnte.

An diesem Abend dachte ich dann nur noch an die vergangenen drei Tage im Etosha. Es war ein schöner Abend, trotz allem. Ich bemerkte, wie sich ein Rhythmus in meinem Tagesablauf einspielte, der mir gefiel.

Am Abend besuchten mich einige Schakale, die nach Fressbarem suchten. Sie waren fast zahm. Einen von ihnen konnte ich mit weit ausgestrecktem Arm füttern. Er fraß das Trockenfutter, das ich gerne teilte. Ich musste dafür sorgen, dass die Schakale nicht zu dicht kamen, damit sie mir meine anderen Vorräte nicht stahlen.

So kam ich dazu, immer für eine gewisse Grundordnung zu sorgen. Jeden Tag überprüfte ich meine Ausrüstung und hängte die nasse Wäsche am oder im Auto auf, sodass sie während der Fahrt trocknen konnte.

An den letzten Abenden kamen auch junge Warzenschweine ans Auto, als wollten sie wie die Schakale von mir etwas zu fressen. Wahrscheinlich wurden sie von den Touristen den ganzen Sommer über gefüttert. Diese Schweine waren ganz nett, so als abendliche Abwechslung im Camp. Die Löwen brüllten jeden Abend, sodass es mir später sogar fehlte, wenn sie mal nicht da waren.

Ich verließ am nächsten Morgen das Camp auf der Suche nach meiner nächsten Unterkunft, nach dieser deutschen Farm, die mir noch in Berlin von dem netten Pärchen auf der Party zugesteckt worden war. Mein Weg führte mich auf einer langen Bundesstraße nach Tsumeb, wo ich noch einmal zur Bank ging und um ein paar Einkäufe zu tätigen. Dieses Örtchen, fast schon eine Kleinstadt, war recht hübsch anzusehen. Überall sah man deutsche Kultur, deutsch geprägte Häuser. Na, ziemlich aufgeräumt für eine Stadt in Afrika.

Als ich jedoch meinen Wagen in der Nähe der Bank abgestellt hatte, begrüßte mich ein Afrikaner höflich und bat um ein paar Dollar. Nee, dachte ich und verwies den netten, etwas zerfetzten Menschen, seiner Wege zu gehen. Bevor ich die Bank betrat, sah ich mich noch einmal nach meinem Wagen um und vergewisserte mich, ob dieser

Typ sich vom Acker gemacht hatte. Er war auf die andere Straßenseite gegangen und setzte sich zu seinen Kumpels, die ähnlich abgerissen aussahen. Ich dachte nur, na, wenn da mal nicht noch etwas nachkommt! Ich ging also in die Bank, gab dem Kassierer mein Geld, das ich in Namibia-Dollar gewechselt haben wollte, und wartete auf mein Geld.

In diesem Moment sagte der Mann hinter dem Tresen: »Hallo, guten Morgen. Sie sind auf der Durchreise?«

Ein deutschstämmiger Namibier sprach mit mir, als wäre ich in Berlin bei meiner Bank. Wir quatschten und blödelten herum und sprachen über Deutschland und die Welt, bis er mich fragte, wo ich mein Auto hätte. Ich erzählte ihm also, was ich zuvor erlebt hatte, und er war ganz still und sagte nur noch: »Bitte gehen Sie sofort raus, suchen diesen Mann, und geben Sie ihm ein paar Dollar – sofort, bitte!«

Ich tat, um was mich der Kassierer bat, ging wieder zurück in die Bank und bekam nach meiner Rückkehr auch prompt die Erklärung. Er erklärte mir, dass diese Jungs zu einer Bande gehörten, die den Auftrag hatte, auf alle Fahrzeuge aufzupassen und sie zu bewachen. Dafür bekämen sie Geld. Wenn einer nicht zahlte, sollten die Bandenchefs informiert werden und die würden sich dann um den Besucher kümmern. Also diese Chefs folgen dem Wagen so lange, bis sie eine Möglichkeit sehen, den Wagen samt Inhaber entweder zu überfallen oder die Kiste zu klauen.

»Das ist eben so«, sagte der Kassierer zum Schluss noch und beruhigte mich mit der Tatsache, dass die am Eingang postierte Security mich bis zum Auto begleiten würde, was der nette Mann am Eingang dann auch tat. Nicht auszudenken, wenn ich diesem wohlgemeinten Rat nicht gefolgt wäre! Anschließend ging ich noch tanken und ließ meinen Wagen nicht eine Sekunde mehr aus den Augen.

Ich fuhr weiter in Richtung Grootfontein, durchquerte den Ort später, als ich eigentlich wollte, um nicht noch einmal in eine ungewollte Situation zu geraten. Aber da war mir klar: Wer alleine durch Afrika reist, muss entweder jede Menge Erfahrungen haben, viele Freunde dort kennen oder verdammt viel Schwein haben, um nicht vernascht zu werden.

Als ich nun wieder auf der Landstraße war, sah ich während der Fahrt hin und wieder einmal auf meine Karte, um nicht an der Farm vorbeizufahren. Im gleichen Augenblick erhaschte ich mit einem Augenwinkel ein Schild mit dem Namen *Friedberg* – ich hatte es geschafft. Von Berlin aus hatte ich mich schon zweimal bei den Leuten telefonisch gemeldet, um mich für den heutigen Tag anzumelden. Sie waren damals schon sehr nett, und ich freute mich riesig, als ich nun endlich am Tor der Farm angekommen war. Ich musste mir das große Tor zur Farm selbst öffnen, hinter mir wieder schließen und fuhr noch circa zehn Minuten auf einer staubigen Sandpiste der Farm entgegen. Als ich ankam, wurde ich so herzlich von den Farmern Elka und Hendrik empfangen, als wäre ich schon zwanzig Mal dort gewesen. Dieses Erlebnis schien sich zu wiederholen, denn jedes Mal, wenn ich irgendwo ankam, erging es mir so, und die Gefühle, als wäre ich hier zu Hause, waren auch immer da. Auch die beiden Jack Russel nahmen regen Anteil an meiner Ankunft.

Diese Landschaft, die ich nun seit mehreren Stunden durchfuhr, war reines Buschland. Vereinzelte Dörfer, Dornenbüsche, Gräser und Akazienbäume standen eng beieinander, sodass ein Durchfahren fast unmöglich war. Das war auch hier auf der Farm so. Doch als ich am Farmhaus ankam, öffnete sich ein wahres Blumenparadies vor mir. Ein sehr großzügiges Haus mit einer circa sechzig Quadratmeter großen, überdachten Terrasse, wo wir uns bis tief in die Nacht unterhielten. Diese Farm ist seit circa achtzig Jahren im Besitz dieser deutschen Familie und in einem sehr guten Zustand. Wir durchblätterten Fotoalben aus alten Zeiten, und ich bekam meine ganz persönliche Unterkunft: Ein kleines, extra gebautes Gästehaus mit allem Drum und Dran. Dieses Häuschen war wie eine kleine Nobellaube, die es in Berlin oft in den Kleingartenkolonien so gibt. Ich fühlte mich auf Anhieb wohl, ohne irgendetwas zu vermissen.

Ich schlief auf dieser Farm wie ein Toter. Es waren wohl die Nächte zuvor, wo ich ja nie richtig schlafen konnte, da meine Nachbarn, die Löwen, permanent lautstark miteinander telefonierten.

Am Morgen, noch im Halbschlaf, roch ich als Erstes diese vielen Blumen, die um das ganze Haus großzügig angelegt waren. Später, nach dem Frühstück, bekam ich die Ausmaße der wunderschönen Farm gezeigt. Sechs Stunden waren wir unterwegs, und ich holte mir meinen ersten Sonnenstich. Die Kopfschmerzen waren erst nur ganz leicht, bis sie mir fast den Schädel sprengten. Den Rest des Tages verbrachte ich im Bett, um meinen Sonnenkater auszukurieren. Ich war wie erschlagen. Auf keinen Fall durfte ich krank werden, das stand fest.

Der nächste Morgen begrüßte mich in einem apricotfarbenen Kleid. Alles war in Rot-Orange getaucht, bis auf den hellblauen Himmel über mir. Das war einfach nur irre! Blickte man nach vorn oder in eine andere Richtung in den Garten oder den Busch, so schien alles orangefarben zu sein. Sah man dann nach oben, so war da der hellblaue Himmel. Der Dunst auf den Feldern wurde durch schwirrende Insekten und leise Tiergeräusche lebendig.

Ich liebe dieses romantische Farb- und Stimmungsspiel. Es sind genau solche Augenblicke, an denen ich mich wohl nie satt sehen kann. Ich bekam ähnliche Sonnenaufgänge im Laufe meiner Reise fast täglich zu sehen.

Es hatte einen guten Grund, so früh am Morgen aufzustehen. Denn heute ging es auf meine erste Jagd. Es sei wieder mal höchste Zeit für die Farmarbeiter, ein gutes Stück Fleisch zu bekommen, sagte Hendrik am Vorabend zu mir, um mich auf diese Jagd vorzubereiten.

Unseren Kaffee nahmen wir im Stehen zu uns, wobei er mir so ganz nebenbei sein Gewehr zeigte. Ein tolles Gefühl, dass ›Mannsein‹ dort noch erlaubt ist. Und dazu gehört für mich seit diesem Morgen das Jagen dazu, wenn es der Nahrungsbeschaffung dient.

Für die dort Lebenden, auch die Farmer, ist dieses Jagen keine Lust am Töten, sondern eine Lebensnotwendigkeit, da die Schwarzen darauf bestehen, sich in dieser Art Währung durch erlegtes Frischfleisch bezahlen zu lassen. Die Afrikaner, die für Hendrik arbeiten, legen höchsten Wert auf diese Art traditioneller Entlohnung, da sie selbst nicht mehr jagen dürfen. Diese Entlohnung ist den weißen Siedlern als Pflicht auferlegt worden, als die ersten Arbeiter von den Dörfern geholt wurden. Damals verhandelten immer die Ältesten eines jeden Stammes und sorgten so dafür, dass zum Teil ganze Dörfer mit Fleisch versorgt wurden. Das ist bis heute zum Teil so geblieben. Es ist für die Weißen also nach wie vor eine Verpflichtung den Schwarzen gegenüber, die jedoch leider nicht überall eingehalten wird. Bei Hendrik ist das anders.

Wir fuhren also wie geplant quer durch sein riesiges Farmland, ließen dann den offenen Jeep irgendwo stehen und schlugen uns quer durch den Busch. Unweit vom Standort des Jeeps sollten wir auf eine kleine Wasserstelle stoßen, die Hendrik angelegt hatte, um dort regelmäßig auf Wild zu treffen. Hendrik zeigte mir die ersten Spuren, erklärte mir, welche wann von wem getreten wurden, und schilderte mir das Verhalten der meisten Tiere. Ich fragte ihn, ob es auf seiner Farm auch Löwen gebe, worauf er nur kurz die Stirn runzelte, den Kopf schüttelte, seinen Finger an den Mund legte und gleichzeitig ein leises ›Schschschsch‹ von sich gab. Er war in diesem Moment überhaupt nicht ansprechbar. Er drehte mir den Rücken zu, verwies mich nach hinten mit einem Zeichen, sodass ich mich hinter ihm halten sollte. Da war irgendetwas – und dann ging es los.

Wie zu Kinderzeiten schlichen wir in gebückter Haltung durch den Busch. Nach ein paar Minuten, ohne ein Wort zu reden, hob er langsam seinen Arm bis auf Schulterhöhe und signalisierte mir, dass ich stehen bleiben solle. Ich konnte sehen, was er sah. Es waren Kudus, eine große Antilopenart, die fast überall in Südafrika vorkommt. Er hockte sich langsam und zielte auf das Wild. Eine Sekunde später, ich zuckte zusammen, mein Herz raste – und alles war vorbei. Der linke von den beiden brach nach einem lauten Knall in sich zusammen, wobei der andere Kudu floh. Wir gingen ohne ein Wort um die Wasserstelle herum und sahen uns das fast leblose Tier an. Als wir vor dem halb im Wasser liegenden Tier standen, zuckte es noch ein paar Mal, bevor es starb.

»So, das war's«, sagte er, bevor wir den Kudu gemeinsam zum Wagen trugen.

Ein völlig emotionsloser Vorgang, der sich bei Hendrik regelmäßig wiederholte. Für mich hingegen war es das erste Mal, diese natürliche Nahrungsbeschaffung miterleben zu dürfen. Ich muss zugeben, als ich das lebende, wunderschöne Tier am Wasser sah, gefiel es mir wesentlich besser als so leblos mit aufgerissenen Augen. Mit diesen zwiespältigen Gedanken fuhren wir auf dem Rückweg noch an seinem eigenen, privaten Flugplatz vorbei.

»Eine Landebahn für den Besuch«, sagte er und lachte laut.

Mitten im Busch stand da ein kleinformatiger Tower, ein Unterstand für Gäste und ein Minihanger für eine kleine, einmotorige Maschine. Die Landebahn war einige hundert Meter lang und nicht betoniert, sie wurde aber regelmäßig sauber und glatt gehalten, sodass ein Zuwachsen der Bahn verhindert wurde. Wie sie die Landebahn so super glatt hielten, erzählte er mir nicht. Es wurde wohl jede Menge Zeit, Kraft und Geld investiert, um diese Spielzeuganlage in Schuss zu halten. Deutsche wollen wohl immer irgendwie perfekt sein, dachte ich, denn alles war picobello sauber. Ein Anspruch, den ich persönlich nie hatte und auch nie haben werde.

Nach dem Eintreffen auf der Farm übergab er das erlegte Tier einem farbigen Farmarbeiter, der es häuten und zerlegen sollte. Die Unterredung mit den Arbeitern und den Einheimischen führten Hendrik und seine Frau

Elka auf Afrikaans, einer Mischung aus Deutsch und Niederländisch.

Elka lud uns auf die Terrasse ein, mit dem energischen Hinweis, uns vorher ja die Hände zu waschen. Das taten wir dann auch ohne zu mucken. Es war so ein bisschen wie zu Hause. Während des Kaffees durchlöcherte ich Hendrik und Elka mit Fragen über das Leben in Namibia, über die Jagd und die Tierwelt. Ich stand so sehr im Redesaft, dass ich überhaupt nicht bemerkte, wie direkt vor uns vor der Terrasse eine Herde Impalas und ein paar Zebras an uns vorbeizogen.

Meine Gedanken fingen wieder an zu fliegen. Ich sah mich an einem Lagerfeuer vor meinem aus Leinenstoff gespannten Zelt sitzend, in der einen Hand einen Lappen, auf dem Schoß mein Gewehr, das ich reinigen wollte und neben mir, meine Frau in Safari-Kleidung. Ich dachte, dass ich gerne zu dieser Zeit vor achtzig Jahren gelebt hätte, natürlich mit dem Anspruch, ein reicher Mann gewesen zu sein, um im Auftrag der Regierung wissenschaftliche Arbeiten durchführen zu müssen.

Doch dann gab ich mir innerlich einen Klaps, meine Gedanken rückten wieder in die Realität zurück, und ich genoss ganz einfach nur den Anblick dieser Herde.

Und dann gab es Kudu zu Mittag. Und ich wusste genau, woher. Mir war es egal. Denn von da an aß ich täglich, ganz gleich, wo ich gerade war, alle Tierarten dieser so aufregenden Welt. Es war ein aufregender Tag, und die darauf folgenden Tage waren ebenso schön.

Ich lernte die Gepflogenheiten zwischen den Farmern und den Schwarzen kennen und warum es gewisse Regeln zwischen ›Schwarz‹ und ›Weiß‹ gibt. Ich erlebte, wie Hendrik nicht nur für seine Arbeiter sorgte, sondern auch für die kompletten Familien, die da mit dranhingen. Es gab einiges, was ich anfangs sehr skeptisch betrachtete, doch seit diesen Tagen auf der Farm ist mir einiges sehr viel klarer. Alles dort besteht seit Jahrzehnten der Annäherung zweier Kulturen und Welten, also ein hochsensibles Gefüge, das es zu pflegen gilt!

Am nächsten Tag fuhren wir einige andere Farmen an. Alle waren Deutsche, und wir versorgten einige kranke Rinder, die sich entweder irgendwo die Haut aufgerissen hatten oder an Krankheiten litten. Begleitet wurden wir zeitweise von einem deutschen Tierarzt, der erst einige Jahre in Namibia lebte und mich später fragte, ob ich nicht auch nach Namibia übersiedeln wolle. Zugegeben, ein reizvoller Gedanke. Die zwei unterhielten sich später noch über meine Frage, die ich kurz vor der Jagd Hendrik gestellt hatte: ob es dort noch Löwen gebe. Offensichtlich hatte meine Frage während der Jagd Udo doch erreicht, um jetzt die verdiente Aufmerksamkeit zu erhalten. Beide hatten seit circa fünf Jahren keine mehr gesehen. Den letzten hatte der Tierarzt etwa neunzig Kilometer nordöstlich von hier erspäht. Also gibt es wohl keine mehr. So verging die Diskussion um Löwen, als wäre diese Frage nie gestellt worden. Sie erzählten mir von Geparden, die es überall hier vereinzelt gibt, und wandten sich den Rindern zu, die wohl wichtiger waren als meine Nachfrage nach Löwen. Was ich zu diesem Zeitpunkt auch verstand. Über die Frage des Tierarztes, ob ich nicht eventuell nach Namibia einwandern wolle, dachte ich noch stundenlang nach. Jedoch ohne Ergebnis, da ich auf meine mir selbst gestellten Fragen keine Antworten hatte. Vielleicht auch eine grundsätzliche Frage, die sich in der Zukunft von alleine klären wird. So verging der letzte Tag, der letzte Abend, und wieder stand ich vor einem Abschied.

Der Abschied am nächsten Morgen war genauso herzlich wie der Empfang vor einigen Tagen, jedoch kurz und verbindlich.

Auf meiner gesamten Tour an diesem Tag war ich gedanklich auf der Farm. Was die zwei wohl an diesem Tag alles tun mussten, um ein solches Unternehmen weiter am Leben zu erhalten? Die letzten Tage liefen noch einmal wie ein Film in mir ab. So fuhr ich also wieder Richtung Norden, blickte gerne nach rechts und links in den Busch und freute mich über alles, was ich sah. Eine meiner letzten Tankstellen sollte mein nächstes Ziel sein, um von dort noch tiefer in das Caprivi-Gebiet einzutauchen.

Auf den Tankstellen in diesem Gebiet geht es immer sehr heiter zu. Meistens sind mehr als dreißig Kinder am Wagen, um die Scheiben zu putzen oder nach dem Öl zu sehen. Sie wollen alle irgendwie ein paar Dollar verdienen. Und da bietet sich oft nur die Tankstelle als mögliche Geldquelle an. Auch auf der folgenden Tankstation war es dann wieder so. Alle Kinder wuselten um meinen Wagen herum und bevor ich mich versehen konnte, steckten einige Kinder auf der anderen Seite des Wagens ihre Köpfe in mein Auto. Alles ging sehr schnell. Ich war noch beim Einfüllen des Benzins, als ich zu spät bemerkte, was da los war. Die Bande schnappte sich, was sie unter dem Sitz fand, und verschwand. Der Tankwart, der direkt neben mir stand, sagte kein Wort, obwohl er alles gesehen haben muss.

Es ist dort völlig normal, beklaut zu werden, wenn man

bedenkt, wie schlecht es einigen dort geht. Ein Vorfall, der keiner weiteren Aufmerksamkeit bedarf, wenn man berücksichtigt, dass ich *nur* bestohlen wurde. Eine nicht verschlossene Tür auf der anderen Seite des Wagens bedeutet wohl: Bitte, bedient euch.

Wenn ich nicht die anderen Türen des Autos zugeschlossen hätte, dann hätten die armen Menschen mir wohl nichts mehr übrig gelassen. Überfälle sind dort so regelmäßig und normal wie bei uns der Regen. Viel haben sie mir ja nicht gestohlen, dennoch war es eine Erfahrung, die ich mir gern erspart hätte. Nach einer Kurzkontrolle meines Besitzstandes stellte ich fest, dass sie lediglich einen Rucksack mit Schmutzwäsche, mein Fernglas und zweihundert Euro erwischt hatten. Ich verließ diesen gastlichen Ort, den Kavango entlang, bis ich eine geeignete Stelle zum Übernachten fand.

Meine erste Übernachtung in freier Wildnis! Ich fuhr einen überfluteten Weg entlang, bis ich an eine freie, trockene Stelle kam, die etwas höher lag, sodass ich zumindest nicht im Auto schlafen musste und auch sonst keine nassen Füße bekam. Ich stieg aus, und alles um mich herum war Wildnis. Es war nicht etwa ein schlecht umzäuntes Camp, nicht in einer privaten Unterkunft und auch nicht auf einer Farm. Nein, pure afrikanische Wildnis!

Ich fühlte mich allein. Ich war so allein, dass es schon einsam war, so einsam, dass es schon wehtat, wenn ich an meine Familie dachte. Aber – ich hatte es ja so gewollt! Ein ungutes Gefühl machte sich in mir breit. Es gab einige Überlebensregeln, nach denen man in der freien Natur leben sollte, wenn man alleine ist, um nicht verrückt zu werden. Ich war zwar noch lange nicht an eine dieser

Grenzen gestoßen, erinnerte mich aber sofort an meinen Überlebenskurs, den ich in Berlin besucht hatte. So beschäftigte ich mich, brachte Ordnung in meine Stimmung, baute wieder mein Zelt auf dem Dach auf und versuchte halbwegs, meinen verloren gegangenen Rhythmus wiederzubekommen.

Ich sah mich um und fand dieses Land einfach nur toll. Direkt vor mir ein breiter Fluss, ein leichter Wind fuhr durch das hohe Gras, die Grillen zirpten laut, als hätten sie kleine Kettensägen bei sich. Meine Blicke verloren sich in der Natur und ich fand innere Ruhe und Frieden.

Ich machte mir ein Feuer wie das auf der Farm, denn es hatte etwas von Geborgenheit, auch wenn ich nicht sah, wer da eventuell aus der Dunkelheit kam. In der Dämmerung ging es noch einmal kurz die Böschung zum Wasser hinunter, um mich ein wenig zu bewegen. Nur so, ein paar Schritte zu Fuß. Auf der anderen Seite war Angola, ein Land, das ich unbedingt noch besuchen musste. Hin und wieder raschelte es im Schilf und in den Sträuchern hinter mir. Meine Taschenlampe, die nun mein ständiger Begleiter war, gab jedoch keinen Einblick in das, was da raschelte. Ich wollte gerade zurück zum Feuer, als es wieder raschelte. Blitzschnell richtete ich meine Taschenlampe in die Richtung. Und da sah ich es – ein Krokodil! Im ersten Moment sah ich erst nur seine reflektierenden Augen. Ich ging dem Tier etwas entgegen, denn es war mindestens fünf Meter von mir weg. In der Dunkelheit definitiv zu weit, um die Situation genauer einschätzen zu können. Mein Herz raste wieder bis in die Schläfen, denn es war fast Nacht und ich befand mich in einer Situation, die ich noch nicht kannte. Nach etwa zwei bis drei Schritten schob sich das Krokodil in den Kavango. Wieder war ich hell-wach. Ich konnte es nun gut sehen, denn mein Lagerfeuer schien genau auf den Fluss. Das Krokodil war bestimmt drei Meter lang und tauchte nicht einmal ab. Es ließ sich von der Strömung treiben, ohne mich aus den Augen zu lassen. Wer hatte nun mehr Angst, ich oder das Kroko? Die bloße Vorstellung, dass dieser Saurier bereits vorhin dort lag, ohne dass ich es bemerkte, machte mich verrückt. Und dennoch spürte ich keine Angst mehr.

Wenn ich zurückdenke an besonders intensive Erleb-nisse, dann war ich zwar innerlich immer auf Hochspan-nung, aber irgendwie sehr ruhig, als hätte es nie eine direk-te Bedrohung gegeben.

Ich ging dann in mein Zelt, schrieb wieder in mein Ta-gebuch und ließ die Taschenlampe noch sehr lange an. Das Feuer ließ ich brennen, denn windig war es nicht mehr, und Regenluft durchströmte die Restwärme des Abends. Ich war noch sehr lange wach und dachte so an meine Träume, die ich jahrelang in Deutschland hatte. Das hier war bei Weitem besser, viel, viel besser, und noch tausend-mal schöner. Ich war hier in Afrika viel lebendiger als zu Hause. Alle meine Sinne waren auf Hochspannung.

Die Tage auf der Farm waren sehr schön gewesen, hat-ten mich jedoch in eine gewisse Sicherheit gewiegt. Das durfte auf keinen Fall so bleiben. Die Situation unten am Wasser machte mir deutlich, wo ich eigentlich war. Näm-lich in der Wildnis von Südafrika. Wenn bei uns in Old Germany die Bussarde am Himmel kreisen, die Füchse in der Dämmerung über die Straßen laufen und die Wölfe aus Polen sich wieder in Deutschland ansiedeln, so ist das auch Wildnis, so wie hier. Nur mit einem bedeutenden Unterschied: Die Viecher in Deutschland haben alle Angst vor uns. Ich sollte mich dort also ein wenig sorgsamer bewegen. Das nahm ich mir jedenfalls vor und bemerkte diese Tatsache auch in mein Tagebuch.

In der Nacht hatte ich jede Menge Besuch. Erst die Moskitos und dann die Frösche. Das Quaken gab mir die Möglichkeit, einige verschiedene Froscharten kennenzulernen. Ohne sie zu sehen, wusste ich dennoch, dass hier einige im Orchester saßen, die nicht das gleiche Instrument spielten. Nur die Moskitos waren lästig. Ich war mit *Mobite* eingeschmiert und verließ mich darauf, dass dieses Moskito-Abwehrsystem auch schützt. Weit gefehlt! Später musste ich dann zu meinem stärksten Mittel greifen, dem Moskito-Spray. In kürzester Zeit löschte ich alle Moskitoleben in dieser Region aus. So hoffte ich jedenfalls.

Völlig zerstochen wachte ich bei Sonnenaufgang auf, jedoch nicht eine verdammte Mücke war mehr zu sehen! Ich unternahm einen Rundgang um den Wagen, um meine Glieder zu wecken. Der anschließende Gang zum Wasser war sehr viel vorsichtiger als der am Vorabend. Nichts war mehr zu sehen, nicht *ein* Kroko. Also der richtige Moment, um den Königsstuhl zu besteigen. Glücklich erleichtert machte ich mich dann wieder auf die Socken in Richtung Popafalls.

Von da an sah ich keine wilden Tiere mehr. Diese fallenden Gewässer, die ich nun ansteuerte, sollten eine Sehenswürdigkeit sein, wovon ich mich im Anschluss überzeugte. Direkt in der Nähe wollte ich auch auf ein Dorf treffen, zu dem ich über das Internet in Berlin Kontakt aufgenommen hatte. Ein dort lebender deutscher Lehrer pflegte enge Kontakte nach Deutschland und wirbt um Geld und

Sachspenden für seine Schule. Da ich nun wusste, dass es dort diese Schule gab, hatte ich Kugelschreiber, Bleistifte, Radiergummis und Anspitzer mitgenommen. Außerdem hatte ich noch Seifenblasen und anderes Kleinspielzeug dabei. Ich war froh, dieses Zeug endlich loszuwerden. Bei den Popafalls angekommen stellte ich fest, dass ich mitten im afrikanischen Alltag steckte. Die Popafalls waren ein Drehpunkt für die Touristen und den einheimischen Handel. Die Wasserfälle waren etwas weiter im Hintergrund und rauschten in der Ferne. Die Frische, die von dort kam, war sehr angenehm, denn es war echt heiß an diesem Tag circa 35 °C. Alles in allem war es sehr lebendig und aufregend. Die Fälle selbst stießen mich nicht gerade vom Hocker, sodass ich mich dort auch nicht lange aufhielt. Es war ohne jeden Zweifel sehr schön anzusehen, wie sich stufenförmig und verschachtelt das Wasser hier einen Weg in die Steppe suchte. Auch die vielen kleinen, natürlichen Badewannen, die sich ergaben, waren ein schöner Anblick, da sich einige Kinder darin vergnügten und das kühle Nass genossen. Wahrscheinlich hätten die Wasserfälle eine viel größere Begeisterung in mir ausgelöst, wenn ich in Namibia eine Farm betreiben müsste und regelmäßig Wasserknappheit zu bewältigen hätte. Aber so war es nur Wasser. Aber ich gebe zu, es sah schon toll aus. Diese Lebendigkeit ringsum war zwar sehr anregend, besonders für Fotoaufnahmen, machte mich jedoch etwas nervös, da sich mein Auto, voll beladen, super eignete, bei einigen Herrschaften Bedürfnisse zu wecken, die vorher vielleicht gar nicht da waren. Und um dem ein wenig entgegenzuwirken, fuhr ich kurz darauf weiter. Mir war die Schule auch irgendwie wichtiger.

Ich fragte mich nach dem Weg zu diesem Dorf bei den Einheimischen durch, und wie es dort oft üblich ist, boten sich mindestens, laut palavernd und super freundlich, fünfzig Leute an, mir den Weg dorthin zu zeigen. Und schwups saßen drei Mann auf dem Beifahrersitz. Zwei oder drei hängten sich noch an die Dachreling des Wagens, um an dieser Hilfsbereitschaft irgendwie teilnehmen zu dürfen. Ein riesiger Spaß, dachte ich erst, bis mir klar wurde, dass jeder von den laut lachenden Kindern und Jugendlichen seinen Anteil an Trinkgeld haben wollte. Und so war es dann auch. Als wir ankamen, hielt jeder die Hand auf, und ich überlegte, wie ich da wieder rauskam. Ich ging zum Heck des Wagens, verriegelte zuvor vorn die Türen und gab den Kindern meine Lakritzstangen, die ich aus Deutschland mitgebracht hatte. Selbst die größeren wollten nun kein Geld mehr. Die Lakritzstangen waren auf einmal die Sensation.

In der Schule war gerade Pause. Ein Weißer, es war der Lehrer, und ein paar von den Dorfältesten, die unter einem großen Baum saßen, schimpften auf einige der mitgefahrenen Kinder ein, die sich dann auch beeindruckt zeigten und sich verkrümelten. Ich begrüßte den deutschen Lehrer, Markus Kleine, mit dem ich bereits von Berlin aus Kontakt gehabt hatte. Seine Freude war offensichtlich. Denn nur selten kam es vor, dass sich in der Nebensaison deutsche Touristen zu ihm verirrten. Die Ältesten grinsten, hielten sich aber im Hintergrund. Ich bat Markus Kleine jedoch, mich dieser alten Gesellschaft vorzustellen. Ich blickte in gelblich verfärbte Augen, die aber sehr ehrlich auf mich wirkten. Ihre Hände waren rau und ledern, aber irgendwie sehr angenehm. Ich mag alte Männer, da sie eine gewisse

Ruhe auf mich ausstrahlen und darüber hinaus ja auch jede Menge zu erzählen haben. Bestimmt hatten diese Männer in ihrer Jugend auch jede Menge Dreck am Stecken. Aber heute waren sie nur alt.

Innerhalb kürzester Zeit war die Hälfte der Schulkinder, die alle saubere Schuluniformen trugen, um uns versammelt. Auch hier sorgte der Lehrer schnell für Ruhe. Ich wollte keinen Zweifel bei den Kindern aufkommen lassen, warum ich gekommen war, und holte den Seesack mit den Geschenken heraus. Die Verteilung der Geschenke überließ ich dem Lehrer, denn er kannte ja die Kinder genau. Eine Ausnahme bei den Geschenken ließ ich mir offen – die Seifenblasen! Na klar, die wollte und musste ich selbst verteilen. Natürlich hatte ich nicht für fast vierzig Kinder Seifenblasen dabei. Als ich anfing, die Seifenblasen zu zeigen, wurde mir ganz warm ums Herz: hüpfende, kichernde Kinder um mich herum, als wäre ich der Weihnachtsmann. Auch die Ältesten und der Lehrer freuten sich über meine Geschenke für die Kinder. Nach dieser Bescherung unterhielten wir uns noch eine Weile, bis der Lehrer bemerkte, wie kurz ich angebunden war. Er fragte mich, wie lange ich vorhatte zu bleiben. Und ich antwortete leicht grinsend: »Ich fahre jetzt weiter.«

Der etwas klein geratene, dickliche Mann kam ins Schwitzen und presste seine Lippen für einen kurzen Moment zusammen.

»Na ja, wenn ich Sie nicht aufhalten kann …«, sagte er, zuckte mit seinen Schultern und bedankte sich bei mir mit einem kräftigen Händedruck. Ich solle bei meinem Rückweg jedoch etwas mehr Zeit für ihn einplanen, sagte er noch. Auch diesen Wunsch konnte ich ihm nicht erfüllen, denn einen Rückweg gab es für mich in diese Richtung nicht. Alle Kinder jodelten und brüllten laut lachend mir irgendwelche Grüße zu, als ich mit dem Auto losfuhr. Gegenseitiges Zuwinken begleitete nochmals meinen Abschied, bevor ich wieder wegfuhr. Jeder hatte bemerkt, dass es dem Lehrer zu schnell ging, dass ich kam, nur kurz schnackte und eigentlich gar nicht richtig da gewesen war. Ich versprach ihm jedoch, mich für seine Sache einzusetzen und mit ihm weiter in Kontakt zu bleiben. Was ich nach meiner Rückkehr in Deutschland auch tat.

Der Tag nach meiner Stippvisite in der Schule verging dann auch wie im Fluge, denn ich war mit meinen Gedanken bei den vielen Kindern, die im Nachhall noch immer in meinen Ohren lachten. Sie kamen mir so sehr bescheiden vor, ganz anders, als die verwöhnten Kinder in Berlin. Eine so anständige und dennoch so einfache Schule gab es in ganz Deutschland nicht. Auf dem Weg von den Popafalls durch den Caprivi kam ich an einigen weiteren Schulen vorbei. Überall fast das gleiche Bild: uniformierte, lachende Kinder.

Wieder war ich auf der Suche nach einem Lagerplatz oder einer Unterkunft. Ich entschloss mich, in einer Lodge unterzukommen, hier in Afrika für die etwas gehobenen Gesellschaften der Weißen eine absolut gängige Form der Unterbringung. Diese Unterbringungen werden in der Regel von Europa oder Amerika aus gebucht. Für mich war es die beste Gelegenheit, zu einer ausgiebigen Körperpflege zu kommen. Ich musste einen großen Umweg fahren, um an die Lodge zu gelangen, die ich mir in Deutschland mal in einem Katalog angesehen hatte. Ich fuhr also in Richtung Okavango River, um zu dieser Lodge zu gelangen. Unterwegs übersah ich fast ein Schild, welches halb im hohen Gras lag. Von dieser staubigen Hauptstraße herunter, fuhr ich noch mindestens drei Stunden, durchgeschüttelt von der Piste, durch das wunderschöne Land, in dem ich immer mehr versank. Ich versank dann auch wirklich, denn die Wege waren zum Teil nicht befahrbar. Durch die lang anhaltenden Regenfälle der letzten Tage hatten sich überall riesige Pfützen gebildet. Einige waren so tief, dass mein Wagen bis zur Motorhaube im Wasser steckte. Ohne Allrad wäre ich nie dort durchgekommen. Oft wusste ich nicht mehr, wo ich eigentlich war. Um das Allradgetriebe überhaupt nutzen zu können, musste ich erst einmal aussteigen und am Vorderrad von Hand den Allrad zuschalten. Ich steckte bis zu den Knien im Schlamm. Auch meine Arme waren bis zu den Ellenbogen in schlammiges Erdreich getaucht, denn das Rad war tief versunken. Zu meiner Überraschung war der Schlamm schön kühl. So erklärte sich für mich die Gewohnheit der Tiere, sich ausgiebig im Schlamm zu suhlen. Apropos Wildtiere, schoss es mir in dieser Sekunde durch den Kopf. Ich steckte mitten im Schlamm, ohne jede Möglichkeit der Flucht, und erfreute mich an meiner schlammigen Erfahrung. Ist ja schon krank, oder? Später spülte ich mir nach dieser Aktion den Dreck von den Armen und Beinen, grinste übers ganze Gesicht, in der Hoffnung, dass ich das bestimmt noch einmal haben würde, aber dann richtig.

Je tiefer ich in den Busch kam, desto mehr Tiere sah ich. Nach circa drei Stunden Autofahrt stand ich vor einer hoch aufragenden Wand aus Holzpfählen. Es war die Umzäunung der von mir gesuchten Lodge.

Kaum dass ich angehalten hatte, wurde ich auch schon

von der kompletten Familie samt Hunden begrüßt. Zu meiner Überraschung sprachen sie alle deutsch mit einem Schweizer Akzent. Es waren tatsächlich Schweizer, die etwa vor zwanzig Jahren nach dem Urlaub einfach dageblieben sind, wie sie mir später noch erzählten. Diese Lodge lag direkt am Okavango mitten im Busch. Als ich durch den traumhaft angelegten Garten mit den darin liegenden kleinen Bungalows ging, kam ich mir vor wie im Paradies. Überall säumten Palmen in verschiedenen Größen, Pflanzen voller Blütenpracht und grünes Elefantengras die Wege, die, weit verzweigt, schlangenförmig zu den Hütten führten. Die Hütten, alle rund gebaut im Stil der einheimischen Lehmhütten mit Strohdächern, waren im Innern luxuriös wie in einem Fünf-Sterne-Hotel. So kam es mir jedenfalls vor. Seidene Bettwäsche mit Goldbestickung, ausladende Schals an den Fenstern, Teppiche in farblicher Abstimmung zu allem anderen, hochwertig verarbeitete Hölzer und in fast jedem Detail kleine Goldgravuren. Ich müsste lügen, wenn ich nicht zugeben würde, dass diese gesamte Anlage mir wahnsinnig gefiel. Aber nicht etwa, weil ich den Luxus so liebe, sondern weil alles so überaus geschmackvoll und behutsam in die Natur integriert worden war.

Entlang der Hütten kam man zum Okavango, dem Fluss der Flüsse, der in Botswana aus dem Okavango Delta entspringt. Ein beeindruckender Anblick, dem ich noch stundenlang erlag, weil er sich so friedlich und sanft durch das Land schob und dennoch einiges an Gefahren mit sich brachte. Ich fragte Anton, so hieß mein Schweizer Guide, nach dem Zweck der hohen Mauer aus Holzpfählen. Worauf ich eine kurze, aber präzise Antwort bekam: »Elefanten!«

Ich hatte mir schon so etwas gedacht. Sie erzählten von unzähligen Angriffen und Zerstörungen, die sie durch Elefanten hatten erleben dürfen, und erwähnten natürlich auch, wie problemlos nun alles sei, seit die Holzpfähle aufgestellt seien. Meine beiden Gastgeber zeigten mir eine Hütte und luden mich im Anschluss zu einem Drink ein, den wir dann in der Strandhütte am Fluss nahmen.

Anfangs waren wir noch alleine in der Anlage, und ich hatte die Gelegenheit, mit einem kleinen Boot auf dem Okavango zu paddeln. Natürlich in Begleitung! Mir wurden Krokodile gezeigt, die auf seichten Sandbänken lagen, und von Weitem sah ich auch die ersten Hippos. Wir hörten dieses typische Grunzen, das Flusspferde den ganzen Tag lang machen, um sich zu verständigen. Wir näherten uns diesen schwimmenden, braunen Panzern nur mit äußerster Vorsicht, denn es sind wohl die unberechenbarsten Tiere hier im Wasser. Übertroffen wird diese Gefahr nur noch von den Wasserbüffeln an Land. Jährlich sterben genug Menschen an den Folgen der Flusspferd-Angriffe.

Die Bootstour dauerte bis zum Sonnenuntergang, den wir auf dem Wasser in aller Ruhe genossen. Wir ließen uns treiben und flüsterten nur noch, wenn es etwas Wichtiges zu besprechen gab. Eine urzeitliche, absolute Stille war zu hören, nur hier und da ein paar Vögel oder springende Fische und natürlich in der Ferne die Hippos. Der gesamte Himmel hüllte sich in Tiefrot, bis wir wieder zur Lodge zurückkamen. Das Wolkenpanorama, das uns, wohin ich auch blickte, umgab, nahm gigantische Ausmaße an. Von Orange, Rot über Lila bis Blau und Hellblau gestalteten die Wolken grandiose Farbschattierungen und Bilder. Als wir zurückkamen, hatte die Gastgeberin bereits den Tisch direkt am Wasser herrschaftlich eingedeckt. Es sollten noch andere Gäste zu uns stoßen, die von einer Safaritour zurückkamen.

An diesem Abend aß ich das erste Mal Krokodilfleisch. Ich duschte und konnte es kaum erwarten, mich an diesen mit Kerzen bestückten Tisch zu setzen, solange die anderen noch nicht da waren. Denn die Ruhe, die ich dort spürte, lud mich geradezu ein, so egoistisch zu denken. Ich sprühte mich noch gegen die Moskitos ein, ging erst noch hinunter ans Wasser und genoss die Atmosphäre, die von diesem Ort ausging. Ich fühlte mich wie ein König. Als ich mich ein wenig später an den Tisch setzte, sah ich auf der Terrasse der Strandhütte zwei Jäger, die ich unbedingt begrüßen musste. Zwei echte Jäger, dachte ich, obwohl es ein völlig normaler Anblick war. Zwei wie aus den besten Abenteuerfilmen, die ich als Kind zuhauf verschlang. Und nun war ich mittendrin in einer dieser Filmszenen. Die zwei sahen aus wie Clint Eastwood und Robert Redford. Sie saßen zurückgelehnt in ihren Korbstühlen mit einem Glas Bier in der Hand, unrasiert, speckig und mit einer Stimme gesegnet, die so klang, als gehörte sie Bud Spencer. Ich setzte mich zu ihnen, bestellte mir einen Whisky, ohne dabei den schön gedeckten Königstisch aus den Augen zu verlieren. Alles war echt filmreif. Jeder wollte vom anderen wissen, wo er herkommt, wo es hingeht und dergleichen, was eben so abgefragt wird, um sich miteinander schnell vertraut zu machen. Wir unterhielten uns nur auf Englisch und vergaßen dabei fast das Essen. Doch dann kamen die anderen. Eine kleine italienische Gruppe von sechs Leuten, alle so um die sechzig, die aussahen, als kämen sie gerade aus dem Theater. Sie passten so gar nicht in mein Bild, das ich mir zu diesem Zeitpunkt als imaginärer Filmproduzent zurechtgebastelt hatte. Sie zerstörten einfach alles in diesem Moment. Die Ruhe, die Atmosphäre, unsere Gespräche, einfach alles. Ba, baba, baba … Sie plauderten und schnatterten, als hätten sie sich zwanzig Jahre lang nicht gesehen. Nur ein Kurzes ›Buon giorno‹ und das dazugehörige kurze Nicken wurde uns entgegengebracht. Wir erwiderten. Anfangs taten sie so, als gäbe es uns gar nicht, später aber lockerten sich diese Großstadtblumen uns gegenüber noch etwas auf, und die ersten Hemmschwellen wichen einer angemessenen Stimmung, sodass es noch richtig nett wurde. Sie waren zuweilen echt witzig und damit noch eine nette Bereicherung an diesem Abend. Die beiden Jäger hingegen erfüllten alles, was ich jemals gern gewesen wäre. Ich sah sie an und war fest entschlossen, mich nie wieder zu waschen oder zu rasieren. Wozu auch? Der Anblick an diesem Tisch war göttlich. Den ganzen Abend hindurch grinste ich in mich hinein. Und eines ging mir nicht aus dem Kopf: Wir waren mitten im Busch! Unvorstellbar, dass ich wieder in mein normales Leben in Berlin zurückmusste. Ich unterhielt mich noch recht angeregt mit den Italos, erwähnte, wo ich in Italien schon überall gewesen war, lobte noch ihre hohe Kultur, Autos, Mode und ihre italienische Küche, bevor sich die nette Gesellschaft kurz darauf verabschiedete. Wir saßen noch ewig zu Tisch, ohne viel zu plappern, denn das waren wir ja gerade erst losgeworden. Irgendwann in der Nacht fand ich dann auch noch ins Bett.

Von den Hippos geweckt grollte ich mich an den Frühstückstisch, der diesmal in der Strandhütte gedeckt war, um ein paar Kaffee zu mir zu nehmen. Ich hatte bestimmt noch 2,8 Promille im Turm. Man spürte die Wärme bereits jetzt schon, obwohl noch dichter Nebel über dem Okavango stand, und mir platzte der Schädel.

Das hielt Anton jedoch nicht davon ab, mit mir wieder in das Kanu zu steigen, um nach Angola überzusetzen, worum ich ihn am Abend zuvor gebeten hatte. Er sagte aber auch ganz klar, dass es verboten sei, so nach Angola zu reisen. Er erklärte mir, dass überall im Land noch versteckte Minen oder versprengte Munition vom Angolakrieg umherliegen. Das war überzeugend und unmissverständlich. Jährlich sterben dort hunderte Kinder beim Spielen auf den Feldern, da die Regierung viel zu überlastet ist, sich um solche Unannehmlichkeiten zu kümmern. Ich weiß, es ist eine nicht sehr erfreuliche Einleitung für einen Landgang nach Angola. Aber eine nackte Tatsache. Der Grund für diese gefährliche Tour war ein Stamm, der dort in Angola noch heute lebt wie vor tausend Jahren, ähnlich wie die *Himbas* oder die *San* in Namibia. Auch in Botswana gibt es noch solche Stämme, die im Okavango-Gebiet noch nach ihren Vorstellungen leben. Mit der Absicht, dieses Dorf zu finden, fuhren wir los. Wir setzten ein paar Meilen flussaufwärts unseren Fuß auf angolanischen Boden.

Doch es kam, wie es kommen musste. Wir kamen gar nicht weit, nur ein paar hundert Meter westlich vom Ufer entfernt, als uns wie aus dem Nichts eine angolanische Patrouille aufspürte. Sie waren bis an die Zähne mit Maschinengewehren bewaffnet und offensichtlich stark angesäuert, denn sie brüllten uns an, forderten uns auf, stehen zu bleiben und befragten uns in gebrochenem Englisch, was wir dort verloren hätten. In diesem Moment musste ich echt zugeben, es war eine blöde Idee, in Angola spazieren zu gehen. Wir wurden ruckzuck gefilzt, ob wir Waffen dabeihatten, ohne dass einer von uns auch nur ein Wort sprach.

War das mein Abenteuer, das ich suchte? Ganz bestimmt nicht! Denn ich wusste nichts von dem Land, von den Problemen und auch nichts von den politischen Verhältnissen, die Angola mit Deutschland unterhielt. Erst jetzt, mitten im Busch von Angola, war mir klar, wie naiv ich hier herumlief. Ich dachte an die beiden Jäger, und mir schwante Böses. Wer weiß, wo die zwei tagelang auf der Jagd waren?

Die Militärs nahmen uns mit in ihr Camp, wo uns der Boss dieser militanten Truppe schon erwartete. Er war bereits unterwegs über Funk benachrichtigt worden, dass wir kommen. Im Camp angekommen mussten wir uns ausweisen, die Taschen leeren und durften nicht miteinander sprechen. Wir standen in einem typischen Militärzelt, wo es schön kühl war und uns vier Militärs eigentlich freundlich begrüßten. Dennoch war die Situation für mich nicht nur neu, sie war auch unerträglich. Auf Englisch sagte der Kommandierende uns, was wir zu tun hatten, und befragte uns, einen nach dem anderen. Anton flüsterte mir noch zu, ich solle auf doof machen und ihm das Geld dalassen, wenn ich welches dabei hätte. Na klar hatte ich Geld dabei. Und so bekam ich auch die Gelegenheit, meine Sachen auf den Tisch zu legen. Dabei ließ ich mir Zeit, denn als Erstes legte ich den Beutel bunten Perlenketten meiner Tochter Antonia auf den Tisch. Ich sollte diesen Beutel aufmachen und den Inhalt herausholen, befahl mir einer der Soldaten.

Als ich die Ketten und Armbänder auf den Tisch legte, sah ich in allen Gesichtern eine freundliche Entspannung, die mir sehr gefiel.

Von da an war die bedrohliche Stimmung umgeschlagen und hatte einer netten Plauderei Platz gemacht. Ich erklärte, wer den Schmuck gebastelt hatte, zeigte den Jungs meine Familienfotos und erzählte dem Kommandierenden, für wen diese Ketten waren. Alle waren begeistert. Das Geld jedoch musste ich trotz allem dalassen, als eine Art Strafe. Der Chef erklärte uns, besonders dem Anton, dass wir wissen müssten, was in Angola los sei. Der Kommandant war noch einmal etwas ungehalten über unsere Dreistigkeit, bemühte sich aber in derselben Minute wieder um Freundlichkeit. Nach circa zwei Stunden Verhandeln und Plaudern bestand der Oberst auf einem Foto mit ihm. Mir war immer noch ganz flau, als wir das Foto machten, und ich bemerkte, wie er es genoss, uns einen gewaltigen Schrecken eingejagt zu haben. Wir steckten unsere Sachen wieder ein, und einer seiner Soldaten brachte uns zu unserem Boot. Der Typ, der uns begleitete, sagte keinen Ton, bis wir am Ufer ankamen, bedeutete uns mit einer Handbewegung, sofort ins Boot zu steigen, und mahnte uns, dort ja nicht wiederzukommen.

Mir fielen einige Steine vom Herzen, als wir im Boot saßen. Hin und wieder blickte ich mich um und sah noch, wie der Soldat so lange am Ufer stehen blieb, bis wir über die Mitte des Flusses fuhren. Dann verschwand er. Den ganzen Tag lang sprachen wir von nichts anderem mehr als von dieser sehr kurzen, aber spannungsintensiven Tour.

Als wir im Camp eintrafen, freute sich Antons Frau, dass wir schon wieder zurück waren, bis sie eine Kurzfassung unseres Erlebnisses hörte. Danach herrschte Totenstille. Sie drehte sich einfach um und ging.

Spät am Abend konnte sie wieder lachen, auch über unser Erlebnis, und tat so, als wüsste sie schon vor unserer Paddeltour, was wir zu erwarten hatten. Es war eine Mischung aus heiterer Ironie und ›Da habt ihr ja noch mal Glück gehabt‹.

Nach ein paar Bierchen holte Anton zwei Angeln aus seinem Schuppen, und wir angelten vom Steg aus bis in die Nacht. Keinen Moment lang ließ ich das andere Ufer aus den Augen. Ich muss zugeben, dass ich mich während der Vernehmung im Camp bereits in einem militärischen Gefängnis gesehen hatte. Immer wieder dachte ich, dass die da drüben uns beobachteten. Alles, was an diesem Abend noch geschah, konnte ich nur mit gedämpfter Freude aufnehmen, so stark saß mir das Erlebnis noch in den Knochen. Wir fingen dann noch einen Tigerfisch, der so um die drei Kilo wog, ein glänzend silbriger Fisch mit einer zackigen, schwarzen Schuppenzeichnung lag da auf dem Steg. Seine Zähne waren lang und spitz wie die eines Baracudas. Und der Hammer war, ich hatte nicht einmal ein Foto davon gemacht. Ein super Abendessen stand uns bevor, das unseren Tag noch angenehm ausklingen ließ.

Meine letzten Gedanken an diesem Abend galten meinen Kindern und besonders meiner Frau. In mein Tagebuch schrieb ich noch, wie sehr ich sie alle liebte und vermisste. Sabrina hätte mir den Kopf abgerissen für meine abenteuerliche Expedition an diesem Morgen in Angola.

Am nächsten Morgen: Die Verabschiedung war wie immer, nett, unverbindlich, mit der Bitte, vorsichtig zu sein.

Es ging Richtung Angola. Ich wollte unbedingt diese

negative, dumme Erfahrung gegen eine bessere ersetzen. Voller Entschlossenheit fuhr ich eine Buschstraße entlang, die mich zu einem der wenigen kontrollierten Übergänge für Touristen brachte, wo ich wieder so eine Art Zoll zahlen musste. Und dann ging es nur noch geradeaus. Ich liebte diese Tour, denn mit jedem Kilometer wuchs mein Selbstbewusstsein. Die Zeit schien endlos zu sein. Ich machte schöne Fotos, traf nette Menschen und wurde in meinem Tun bestätigt.

Einzelne, von der Straße, wenn man sie so nennen möchte, zu sehende Schäden des letzten Krieges waren unübersehbar. Überwachsene Panzer und verbrannte Fahrzeuge bewachten nun die Seelen der Einheimischen, mahnten, nie wieder einen Krieg zu führen. Jeden Fremden ließen die Menschen dort spüren, wie herzlich sie sind. Jeder, aber auch jeder winkte mir zu.

Niemand in Deutschland hatte mir zugetraut, allein durch Afrika zu reisen. Jeden Tag, jede Nacht, in jedem Augenblick war ich *ich selbst*. ICH LEBTE!

KAPITEL 4

Eine neue Welt

Ich war frei. Mich störte überhaupt nichts mehr. Weder mein völlig durchgeschwitztes, stark geruchsintensives Hemd noch mein unaufgeräumter Wagen mit staubigem Innenraum wurden mir lästig. Nichts war eingebunden in irgendwelche Zwänge, die mir andere oder ich mir selbst auferlegte. Für nur kurze Zeit lebte ich ein Leben, wie ich es lieben gelernt hatte. Ob es heiß wurde oder regnete, war mir egal. Nichts, was dieses Land mir gab, hätte ich in Worte fassen können. Und dabei war ich ja noch gar nicht lange weg aus Deutschland.

Unterwegs sah ich nicht alle Tiere, die ich zuvor in Namibia täglich gesehen hatte oder die man so aus dem Fernseher kennt, wenn es durch Afrika geht. Später erklärte man mir, dass viele Tiere im Krieg geflohen waren oder getötet wurden. Nur ganz langsam erholen sich in Angola die Tierbestände von selbst oder wurden durch gezielte Nachzucht-Programme aus den Nachbarstaaten wieder ausgewildert. Die meisten der dort lebenden Tiere hielten sich alle sehr auf Distanz. Was mir auch noch irgendwie fehlte, war das abendliche Brüllen der Löwen. Alles andere war mir egal, denn ich fühlte mich frei und entdeckte mich immer mehr selbst.

Hin und wieder hielt ich an, um ein paar Fotos zu machen oder um ein paar Einheimische zu fragen, ob ich hier auch richtig sei, wenn ich meine Landkarte auf der Motorhaube ausbreitete, um mich zu orientieren.

Diese Menschen dort waren alle sehr, sehr freundlich. Nachts konnte ich immer in der Nähe kleiner Dörfer in oder auf meinem Auto schlafen, da die Gesellschaft der Einheimischen sehr angenehm war und sie mich auch immer duldeten. Nie musste ich Übergriffe befürchten oder mich auch nur unwillkommen fühlen. Denn der Angolakrieg hatte jede Art von Aggression bei den Menschen erstickt.

Mein schönstes Erlebnis hatte ich, als ich gerade dabei war, mich am Auto zu waschen, denn die Wassertanks an der Seite des Autos waren voll, und ich hatte eine Grundreinigung verdammt nötig, als mich drei Frauen fragten, ob ich etwas Milchpulver für ein Baby hätte. Patschnass, fast nackt, musste ich Nein sagen, aber mir fiel dann ein, dass ich ja noch die Milch hinten im Wagen im Kühlschrank hatte. Ich gab meinen gesamten Milchvorrat und meine letzten vier Eier den Frauen, worauf später am Abend mich zwei Männer zu sich einluden. Es waren wohl die Männer der drei Frauen, die mir ihre Dankbarkeit zeigen wollten. Sie hatten zwar keine Milch in diesem Dorf, obwohl es einige Ziegen und zwei Kühe dort gab, aber was sie hatten, wollten sie mit mir an diesem Abend teilen. Ich ging auf die Stroh-Lehmhütten zu, wo die Familien wohnten, und wurde auch hineingebeten. Es war zwar recht dunkel, aber mich umgab ein angenehmes Klima, da es draußen doch irgendwie stickig war.

Für uns Europäer sind sie nach wie vor ein ungewohnter Anblick, diese Behausungen, und mit Sicherheit auch die Umstände, in denen die Einheimischen dort leben.

Umgeben von einem Stroh-Holz-Geflecht sind diese Gemeinschaftsbauten die absolut üblichsten in Zentralafrika.

Alles war sehr sauber. Auch der Innenhof war aufgeräumt und sauber. Hunde und Hühner liefen umher, und einige Dorfbewohner saßen vor ihren Hütten. Aus einer dieser Hütten kamen meine wirklichen Gastgeber – so empfand ich jedenfalls –, die mich begrüßten und mich einigen ihrer Verwandten vorstellten. Die anderen hielten sich zurück. Die gewohnte Freundlichkeit blieb auch hier nicht aus. Mir fiel auf, dass es nicht *ein* Tuch oder Kleid gab, das sich in der Farbe oder im Muster wiederholte. Nicht alle hatten Schuhe, aber die Bekleidung war sehr ordentlich. Ich verstand kein Wort! Niemand sprach Englisch und schon gar nicht Deutsch. Die gängigste Sprache war Portugiesisch. Wir setzten uns vor eine Hütte auf einfache Baumstämme, die in einem großen Kreis arrangiert waren. Aus einem ausgehöhlten Kürbis gab es Hirsebier. Es sah unappetitlicher aus, als es schmeckte. In einem großen, außen völlig verrußten Topf gab es Maisbrei mit Hirse, der in dünnes Fladenbrot gewickelt wurde. Das meiste war sehr scharf, worüber ich mich wunderte, denn die Kinder verzogen keine Miene beim Essen. Später, nach dem gemeinsamen Abendessen, wusste ich nicht, wie und ab wann ich mich verabschieden sollte, denn ich wollte zum einen diese Gastfreundschaft nicht ausnutzen und zum anderen niemanden verletzen. Ich verschenkte noch den Rest meiner bunten Ketten, die mir meine Tochter mitgegeben hatte, und verabschiedete mich bei jedem Einzelnen. Als ich zum Auto zurückging, begleiteten mich noch einige Kinder und Erwachsene.

Es war wieder ein unvergesslicher Abend. Nie hätte ich

davon geträumt, so etwas erleben zu dürfen. Ich hatte mir verkniffen, dieses Ereignis zu fotografieren, da ich dieses permanente Sammeln von ›Beweismitteln‹ zunehmend als lästig empfand. Auch im weiteren Verlauf meiner Reise empfand ich es als lästig, dieses ganze Fotozeug mitschleppen zu müssen. Im Innern wusste ich auch, dass vor mir schon Millionen Menschen in Afrika waren, um alles zu fotografieren. Ich wollte am Ende auf keinen Fall einer dieser fotogeilen Touris sein, die in Afrika alles fotografieren, was ihnen vor die Linse kommt. Mir ging es nur noch darum, Gefühle auszuleben und mich in dieser Welt einfach nur noch wohlzufühlen.

Ich fuhr noch einen Tag durch Angola, nur eben so, in der Hoffnung, irgendwo etwas Tolles zu entdecken. Ich wurde nie enttäuscht, denn ich hatte keine Erwartungen, die zu erfüllen waren. So verlebte ich den letzten Tag, bis ich schließlich an demselben Grenzübergang ankam, wo ich vor ein paar Tagen durchgefahren war. Ich überquerte wieder eine Brücke nach Namibia, wo ich auf eine Gruppe Touristen stieß. Sie waren alle so sauber und rochen nach Parfüm, als hätten sie darin gebadet. Sie waren wie geleckt, trugen viel zu große Hüte und Sonnenbrillen, obwohl die Sonne kaum zu sehen war. Grausam – ich musste weg da. Ich fühlte mich überhaupt nicht wohl, und das Geschnatter nervte mich extrem. Es war wie auf einem Gänsehof. Wobei ich Gänse eher akzeptiert hätte als diesen Auswurf touristischen Überflusses.

Ich wollte und musste mich ranhalten, denn die Frist für die Fahrzeugrückgabe war längst überschritten. Aber selbst das war mir egal. Auf der Piste auf der B8 nach Kongola zu meiner letzten Tankstelle kam mir nicht *ein*

Fahrzeug entgegen. Ob es wohl noch Sprit auf der Tank-stelle gab? Ich machte mir zu Unrecht Sorgen, denn ich hatte Glück und bekam meine letzte Füllung – keine Selbstverständlichkeit in Afrika. Die anschließende Fahrt zum Grenzübergang durch den engen Caprivi-Zipfel war einfach nur schön. Überall Wasser, Sumpf und wieder jede Menge Tiere. Es war dort wesentlich feuchter als die Tage zuvor, und das merkte ich besonders, wenn die Son-ne richtig durchkam. Ich musste mich nun etwas beeilen, denn es war bereits kurz nach Mittag und ich wollte nicht zu spät zu dem Treffpunkt an einer Lodge am Ende des südlichen Caprivi-Zipfels ankommen. Der Treffpunkt war mit mir in Windhoek bei der Autovermietung so abgespro-chen worden, und ich musste und wollte ihn so schnell wie möglich erreichen, denn ich war, wie bereits erwähnt, verdammt überfällig. Ich musste wieder runter von der B8, wieder eine staubige Landpiste entlang, bis ich nach cir-ca zwei Stunden schließlich vor einem kleinen Holzschild dieser Lodge stehen blieb. Dem Schild nach sollte ich an dieser Stelle quer durch eine überflutete, ausgedehnte Wasserwiese fahren. Der Zeitdruck, den ich als sehr stö-rend und befremdlich empfand, zwang mich jedoch, dort hindurchzufahren, ohne weiter nachzudenken. Wenn ich hier stecken bleiben würde, dann wäre ich am Ar..., dachte ich und fuhr los. Nichts war leichter! Der Wagen versank bis an die Scheinwerfer und schob sich problemlos durch dieses Gebiet. Plötzlich merkte ich, dass Wasser in den Wagen lief, da meine Füße nun die Pedale wie in einem leckenden Tretboot betätigten. Das weiche Hin-und-Her-Schaukeln war an gewissen Stellen sehr bedrohlich, da ich genau merkte, wie schmierig der Untergrund im Wasser war. Nach ein paar Minuten war vor mir eine trockene Fahrrinne, sodass ich mir sicher sein konnte, auf dem richtigen Weg zu sein. Ich ließ das Wasser, das sich im Innern meines Wagens gebildet hatte, wieder raus und folgte der schlangenförmigen Fahrrinne. Der Wagen war voll mit langem Gras, welches sich unter Wasser an den Stoßfängern, an der Achse und einigen anderen hervorstehenden Teilen des Wagens verhakte und so zu einer besonderen Art dekorativer Tarnung des Fahrzeugs beitrug. Ich hielt spontan an. ›Bitte mehrmals hupen‹, stand auf einmal auf einem Schild neben einem Strauch. Genauso spontan, wie das Schild dort stand, tat ich, wozu es mich aufgefordert hatte, denn ein Weiterfahren war fast unmöglich; vor mir breitete sich wieder einmal eine riesige Wasserfläche aus. Die schmale Fahrspur, in der ich mich befand, verlief direkt durch die riesige Wasserfläche.

Nach etwa drei bis vier Minuten hörte ich ein Fahrzeug in meine Richtung kommen. Ein weißer Rover ohne Verdeck mit einem freundlich grinsenden Farbigen begrüßte mich. Er bat mich, ihm zu folgen und unbedingt direkt hinter ihm herzufahren. Ansonsten, na ja, würde ich eben zu Fuß weiter müssen, weil mein schwer beladener Wagen mit Sicherheit stecken bliebe. Nach wenigen Minuten kamen wir an den Pforten einer wunderschönen Lodge an. Die halbe Belegschaft aus dem Camp stand da, sang ein Lied, nur um mich zu begrüßen und mir beim Abladen zu helfen.

So etwas Rührendes hatte ich auch noch nie erlebt. Der Fahrer, der den Wagen am Abend wieder mit zurücknehmen musste, war hingegen ziemlich angefressen, weil ich wohl seiner Meinung nach viel zu spät war. Womit er ja auch nicht ganz unrecht hatte. Die Übergabe erfolgte jedoch reibungslos.

Ich verschenkte meine Vorräte an den Abholer, bis auf das Trockenfleisch, und trat in diese unvergleichbare, für mich unvergessliche Lodge. ›Wellcome in Linya‹, stand groß in einen dicken Baumstamm geschnitzt vor dem Eingang des Gebäudes. So etwas wie diese Lodge hatte ich noch nie zuvor gesehen. Ich fiel vor Staunen von einer Ohnmacht in die nächste. Mitten im Busch, völlig zugewachsen, stand ein circa zehn Meter hohes, aus Baumstämmen errichtetes Hauptgebäude. Das hoch aufragende Schilfdach bog sich muschelförmig von der einen bis zur anderen Seite, im Durchmesser mindestens zwanzig Meter. Nach vorn ausgerichtet erstreckte sich genauso lang eine geschwungene Terrasse, direkt auf dem Wasser gebaut, als beginne ab dort eine neue Welt. Es war ein solcher Anblick, dass ich noch minutenlang mit offenem Mund auf der Terrasse stand. Diesen Blick von der Terrasse auf eine neue Welt lud mich zum Entspannen und Träumen ein. Bis auf zwei Gäste, die vor mir angekommen waren, war ich hier allein.

Es sollten noch vier Amerikaner in die Lodge kommen, aber erst in zwei Tagen. Selbstverständlich wurden diese Leute eingeflogen. Auch so eine Unsitte der Mega-Reichen, die in jedes traumhafte Land einfallen, als könnte man mal eben zwischen den Mahlzeiten von den USA aus in Afrika oder Australien eine Safari machen. Ich bin der Meinung, jeder sollte sich einen Platz wie diesen erst mal verdienen. Nicht durch Spekulationen an der Börse oder viel Geld, sondern durch Marschieren. Selbstverständlich nehme ich mich davon nicht aus. Auch wenn ich bis dahin mit dem Auto unterwegs war: Diese Tour von Namibia über Angola bis hierhin diente lediglich als Einstimmung auf das Land und als Anreise zu meinem Abenteuer. Denn von hier aus sollte laut Planung das Durchqueren des dritten Landes Botswana entweder zu Fuß oder mit dem Kanu erfolgen.

Ich stand also auf dieser großzügigen Terrasse mit einem Begrüßungsdrink in der Hand, den Blick über dem direkt vor mir liegenden Linyanti nach Botswana. Von hier aus wollte ich meine Sehnsüchte nach Freiheit und Abenteuer erfüllen. Mir war nur allzu bewusst, dass ich von hier aus nach Hause nur noch durch den Busch kam, der vor mir lag. Und das gab mir zu denken. Von hier aus hatte ich außerdem für Wochen das letzte Mal Gelegenheit, meine Familie in Deutschland anzurufen. Was ich auch prompt tat.

Als meine Frau am anderen Ende der Welt ans Telefon ging, fiel mir ein Stein vom Herzen, und ich sackte gleichzeitig in mich zusammen. Es ging mir schlecht. Dieses Telefonat war nicht gut. Ich hörte ihre Stimme, antwortete auch, verstand aber kein Wort. An der Verbindung lag es jedenfalls nicht. Alles ging an mir vorbei. Meine Frau war in diesem Moment einfach nicht greifbar. Wir beendeten dieses Gespräch nach Austausch der wichtigsten Informationen, bevor sie bemerkte, dass ich mit den Tränen kämpfte. Wochenlang ging es mir nun gut, ich war gesund, mir war nichts passiert, bis zu diesem Augenblick. Ich erzählte ihr noch, dass ich in den nächsten Wochen weder Telefon noch Funk haben würde, um mit ihr sprechen zu können. Dann war Schluss. Ich legte auf und holte mir erst einmal ein paar Drinks, denn mir ging's einfach nur besch... schlecht!

Nie hätte ich diese intensiven Gefühle der Verbundenheit erlebt, wenn meine Familie dabei gewesen wäre. Auch eine Erfahrung, die ich nicht missen möchte. Und das meine ich ausschließlich positiv. Es war gut, dass ich alleine war.

Nach einiger Zeit ging es dann wieder. Während meines verschwenderischen Alkoholverbrauchs, den ich nach dem Telefonat noch hatte, füllte ich noch einige Seiten in meinem Tagebuch. Es war wieder eine große Erleichterung für mich. Vor mir lag der Linyanti-River mit seinen Krokodilen, die hin und wieder mal auftauchten, und den immer gemütlich grunzenden Flusspferden, und in der Ferne sah ich einen einsamen Elefantenbullen, der halb im Wasser im Schilf stand und graste.

Warum war es nicht überall so wie hier? Warum konnte meine Familie nicht mit mir hier leben? Sie würden sich hier alle verdammt wohlfühlen. Besonders meine kleine Tochter Antonia, die dann täglich mit einem neuen Tier im Arm nach Hause käme.

Ich saß bis zum Abend dort und ließ meine Gedanken weit weg schweifen. Ich malte noch ein Bild in mein Tagebuch, um diesen Augenblick irgendwie festzuhalten. Ein Spaziergang am Abend, in Gedanken an meine beiden großen Mädchen, war dann der Tagesabschluss. Die zwei fehlten mir dort in Afrika mehr als in Berlin, wenn ich sie tagelang nicht zu sehen bekomme.

Ich zog mich nach dem Abendessen zurück und setzte mich auf meine kleine Hüttenterrasse, die, auf Holzpfähle gebaut, mitten im Fluss stand. Ich hängte meine Wäsche auf und sah unter mir ein mittelgroßes Krokodil. Es war nicht einmal einen Meter weit entfernt. In dem tiefblauen

Uferwasser, das dennoch ganz klar war, rührte sich dieses Kroko nicht einen Millimeter. Nur der Kopf und ein kleiner Teil seines Halses waren zu sehen, der Rest seines Körpers hing fast senkrecht im tiefen Wasser. Ich setzte mich, blickte so um mich und musste auf einmal laut lachen. Überall in den Bäumen waren hellgraue Äffchen mit schwarzen Gesichtern, bestimmt dreißig oder mehr. Das jedoch war nicht der Grund meines Gelächters, sondern – Damenunterwäsche! Ja, überall in den Bäumen um mich herum waren die hübschesten Dessous zu sehen. Ich glaube, das war die beste Werbung für Damenunterwäsche, die jemals gemacht wurde; in allen Farben, Formen und Größen hingen sie da, es war zum Brüllen. Selbst Reizwäsche hing da herum. Je länger ich mir die Baumkronen von unten ansah, umso mehr entdeckte ich von dieser reizenden Damenbekleidung. Wie die da wohl hingekommen war? Na logisch – Affendiebe waren hier am Werk gewesen. Denn wenn die Wäsche zum Trocknen aufgehängt wurde, klauten die Äffchen alles, was da hing. Die entsetzten Gesichter der Besitzerinnen dieser Unterwäsche hätte ich gern gesehen, als sie ihre Wäsche am nächsten Morgen weit oben im Baum entdeckt haben. Echt zum Brüllen – unter mir das riesige Krokodil und über mir versprengte Erotik. Ich ließ alle Terrassentüren an diesem Abend geöffnet, nur um diesen Anblick noch lange zu genießen. Ich schlief, in ein Moskitonetz eingehüllt, ein und war überglücklich.

Der Morgen danach begann, wie der Abend endete. Mein erster Blick galt der Reizwäsche in den Bäumen. Der Frühstückstisch war gespickt mit nett bekleideten Herrschaften, die leise vor sich hingrummelten. Ich fühlte mich nicht wirklich wohl unter diesen feinen Pinkeln. Ich erfuhr beim Frühstück durch die Lodge-Chefin, dass meine Überführung im Kanu nach Botswana in circa zwei Tagen erfolgen würde. Bis dahin würde sie mir die Zeit schon vertreiben. Hallo? Wie jetzt? Die Zeit vertreiben …?! Sie erklärte mir, dass sie mehrere Touren mit dem Kanu für mich geplant hätte, um mir die Zeit bis zur Überfahrt ein wenig zu verkürzen, da sie ja wusste, dass ich alleine angereist war.

Und so war es dann auch. Täglich machte ich also die tollsten Kanutouren, mit einem einheimischen Guide namens Jeffrey. Flussauf- und flussabwärts lernte ich langsam alles kennen, was ich wissen musste, um im Falle eines Unfalls nicht völlig die Fassung oder gar mein Leben zu verlieren. Es war schon erstaunlich, mit wie viel Sorgfalt darauf geachtet wurde, dass ich dort überleben könnte, ohne jedoch die Natur zu zerstören. Jede Pflanze, jeden Käfer und die Dinge, die im Zusammenspiel dieser Natur als wichtig erachtet wurden, bekam ich vermittelt. So ging meine erste Mini-Expedition los.

Mit Proviant, Wasser und Moskitocream fuhren wir am Morgen in einem Einbaum direkt von der Terrasse der Lodge aus los. Schon nach wenigen Metern sahen wir die ersten Flusspferde. Bis auf wenige Meter fuhren wir an die so gefährlichen Tiere heran, verhielten uns ganz ruhig und konnten sie minutenlang beobachten, bis sie von sich aus abtauchten und unter Wasser verschwanden. Mir war schon ganz anders in diesem engen, sehr wackeligen Einbaum, wurde aber schnell beruhigt, da diese Flusspferde diese Begegnungen seit vielen Jahren kannten und es dort noch nie einen Unfall gegeben hatte. Ich lernte innerhalb kürzester Zeit sehr viel über die tiefe Bedeutung einiger

Tiere. Obwohl ich bereits gute Kenntnisse über viele der dort lebenden Tiere hatte, war es unglaublich, was dieser Mann noch alles wusste. Ich musste erkennen, dass ich doch nicht so gut informiert war, wie ich geglaubt hatte. Er belehrte mich auch über Pflanzen, die in der Medizin verwendet werden, wie zum Beispiel über eine Pflanze, die für die Herstellung von Aspirin verwendet wird, und über viele andere Heilpflanzen. Besonders giftige Pflanzen erregten seine und meine Aufmerksamkeit, denn ihr Verzehr wäre tödlich. Auch, wie man sich dort zu bewegen hat, erklärte er mir. Denn mal eben Wasser holen oder dort schwimmen zu gehen könnte ebenfalls tödlich enden. Ein Ratschlag, den ich gerne annahm. Einmal wollte ich mich an einem flachen Ufer, wo wir angelegt hatten, etwas frisch machen. Ich fragte Jeff, ob das ginge.

Er grinste, schüttelte langsam den Kopf und sagte: »Wait!«

Er holte ein Stück Toastbrot aus unserem Rucksack und bat mich, es ins Wasser zu werfen.

»Gar nicht weit weg«, sagte er, »nur etwa einen Meter«, was ich dann auch tat.

Es dauerte keinen Minute, da schnappte, ohne dass man es vorher hatte sehen können, ein Kroko sich den Toast. Ein Vorführeffekt der besonderen Art. Ich war baff. Jeff lachte und sagte, dass er dieses Krokodil kenne, weil er immer hierherkomme, wenn er mit Alleinreisenden unterwegs sei. Und das Krokodil kenne *ihn*. Krokodile hätten ein sehr gutes Gedächtnis und blieben viele Jahre an einem Ort. Also von daher eine ganz normale Sache, dass sich das Krokodil uns auch zeigte. Es hatte uns lange zuvor bemerkt, bevor wir an dieses Ufer kamen.

Wir tranken an dieser Stelle unseren Tee und bewunderten noch ein wenig die Natur, bevor wir uns auf den Rückweg machten. Die Moskitos waren immer und überall zugegen, sodass ich mich permanent einreiben musste. Jeff hingegen störten die Moskitos nicht mehr. Auf meine Frage, ob er keine Angst vor Malaria habe, schüttelte er nur den Kopf und erzählte mir, dass er schon so oft Malaria gehabt hätte, dass sie ihm nichts mehr anhaben könne.

Wir waren die ganzen zwei Tage allein, keine Touris und keine Menschenseele gab es in dieser Region. Wir fuhren tief in den Mamili mit all seinen Kanälen, wo nichts war als wir und diese Moskitos. Die Tierwelt hier war unbeschreiblich. Bienenfresser, Seeadler, der Roller und andere bunte Vögel waren unsere ständigen Begleiter. Viele Antilopenarten, Elefanten, überall Affen und, na klar – Flusspferde, wohin man sah. Das Einzige, was mir noch fehlte, waren Raubkatzen, die es dort überhaupt nicht gab. Na ja, auch die würde ich bestimmt noch zu Gesicht bekommen.

Die zwei Tage vergingen dank Jeffrey sehr schnell. Jede Minute mit ihm war erfüllt mit kleinen, behutsamen Tiererlebnissen.

Zu Abend bat ich Jeff zu mir an meinen Tisch. Die Chefin der Lodge bedankte sich bei mir für diese nette Geste. Ich hingegen war dankbar, dass sie es erlaubte. Für mich war es nur selbstverständlich, meine Dankbarkeit einem Einheimischen zu zeigen, ohne arrogant dabei zu wirken. Tagsüber teilten wir auch alles, was wir dabeihatten, warum also nicht auch am Abend?

Im Kerzenschein erzählte er mir von seinem aufregenden Leben, das er führen durfte, denn er war ungebildet, wie er sagte. Ungebildet aber nur im Sinne der Weißen. Für mich ist er ein Mann, der mehr Wissen hat, um im Busch zu überleben, als jeder Weiße, der dort lebt. Wer also war ungebildet? Ich gab ihm am letzten Abend mit einer Verbeugung die Hand und zeigte ihm damit meine Verehrung. Er schien meine Hand nicht loslassen zu wollen. Ein großartiger alter Mann mit 1,60 Meter Körpergröße lachte aus vollem Herzen, wie es nur diese Menschen können.

Ich nahm mir eine Petroleumlampe mit auf meine Terrasse, um meine Eindrücke der letzten zwei Tage in mein Buch zu schreiben. Die Affen hinter meiner Hütte waren ruhig, und das wachende Kroko war weg. Ich packte noch meinen Seesack und schlief überglücklich ein. Ich mochte diese Hütte. Sie passte zu mir wie mein Hut auf meinen Kopf. Auch für diese Tage war ich sehr dankbar.

Direkt an meiner Terrasse klopfte es am Morgen danach, als ich beim Zähneputzen war. Den Mund voll Zahnpastaschaum, begrüßte ich einen Ranger, der mich zum Übersetzen nach Botswana bringen sollte.

Er lud meinen Seesack ins Kanu, und ich fuhr los. Das Frühstück bekam ich im Kanu. Die Verabschiedung bei den anderen Angestellten dieser großartigen Lodge war ein lautloses Vorbeigleiten an dem Fenster zur neuen Welt. Alle Mitarbeiter standen auf der riesigen Terrasse und winkten mir zu. Der Ranger sagte mir noch im Vorbeifahren, dass dieser Abschied so geplant gewesen sei. Es sei so Sitte für die, die nach Botswana mit dem Kanu einreisen. Für mich war es umso schöner, alle vom Wasser aus noch einmal zu sehen. Es war eine gut inszenierte Verabschiedung, die wohl bei fast allen Gästen durchgeführt wurde, sogar die Köche, der Roomservice, die Gärtner und alle Kellner standen da und winkten. Dabei kannte ich sie kaum, aber irgendwie fühlte ich eine starke Vertrautheit. Und das war wohl auch der Zweck einer solchen Verabschiedung; die Afrikabesucher sollten sich einfach nur wohlfühlen. Am meisten freute ich mich über Jeff. Als ich ihn sah, riss ich meinen Arm hoch und rief seinen Namen. Ich werde ihn wohl nie wiedersehen …

Dass ich jemals in einer solchen Nobel-Lodge unterkommen würde, war eigentlich nie meine Absicht und passt auch nicht wirklich zu mir. Dennoch war auch diese Erfahrung, wie ich mit Aufmerksamkeit verwöhnt wurde und der Natur jeden Tag ein Stückchen näher kam, eine sehr schöne. Bei meinen nächsten Unterkünften würde ich wohl auf allen Luxus verzichten müssen, das war klar.

Die Fahrt mit dem Kanu war, wie die Tage zuvor, einfach nur schön. Ich konnte noch einmal einige der Kanäle durchpaddeln, die ich bereits kannte, und war stolz darauf, mich in meiner neuen Welt langsam auszukennen. Meine Bedenken, Befürchtungen und selbst meine kleinen Ängste verliefen sich immer mehr in den Seerosen, die wir stundenlang durchfuhren. Tausende verschiedene Libellen posierten in der Sonne, um mir zu gefallen. Die Tierstimmen vermischten sich mit meinen Gefühlen für dieses Land, welche immer stärker wurden. ICH LEBE.

Es waren mit Sicherheit schon Tausende, die Afrika seit den letzten achtzig Jahren durchquerten. Alle werden ihre eigenen Gedanken und Gefühle gehabt oder später entwickelt haben, die dieses Land in ihren Herzen leben lassen. Also denke ich, dass ich mit meinen Beschreibungen meiner Gefühle über dieses Land nicht übertreibe. *Afrika ist nicht nur ein Land. Afrika ist Leben.*

Am Landepunkt in Botswana angekommen überkam

mich schaumgebremste Freude, als ich die botswanische Grenzpatrouille auf uns zukommen sah. Sie saßen auf einem der viel zu lauten Sumpfboote, die man aus Florida kennt. Sie begleiteten uns bis zum Stützpunkt und führten uns zu Fuß ins Camp. Das Camp unterschied sich zu dem angolanischen Militärcamp in nichts. Entgegen der Erfahrung verhielten sich diese Militärs völlig anders. Sie waren locker, fühlten sich sichtlich geehrt, Afrika-Liebhaber in ihr Land zu bitten, und boten ihre Hilfe an.

Was sie sich nicht nehmen ließen, war eine Riverboat-Tour. Ich durfte mich auf dieses Propellerboot setzen, und einer der Soldaten fuhr mit mir los. Es war viel zu laut, ist aber unbestritten ein irres Gefühl, wenn man über dieses hohe Schilf hinwegrast, weit in die Sümpfe sehen kann, durch die man gerade fliegt. Ein Geschwindigkeitsrausch, dem ich gerne verfiel, den ich aber auch gerne wieder losließ, da mir die Natur ringsum wichtiger war.

Der Ranger, der mich gebracht hatte, war ohne viel Tamtam vom Stützpunkt weggefahren, und ich saß da. Ob da noch einer kam? Es war noch recht früh, und die Sonne hatte schon ihre Kraft, was mich nachdenklich stimmte. Die Jungs vom Grenzposten waren echt redselig und wollten alles von mir wissen. Alle meine Bilder wurden vorgezeigt, und ich konnte voller Stolz meine beiden erwachsenen hübschen Töchter vorzeigen, die alle Wachposten auf den Plan riefen. Selbst die, die sich in den Schatten gelegt hatten, standen auf und waren begeistert. Einer von ihnen nahm das Bild meiner Ronja und presste es an die Brust. Das Gekicher fand kein Ende. Jeder machte mir klar, dass sie meine Tochter kennenlernen wollten, und fragten mich nach meiner Anschrift, um den Mädels mal schreiben zu können. Unaufhörlich machten sie ihre Späße, natürlich nicht auf Englisch, und schüttelten sich nach jeder Bemerkung vor Lachen aus. Im Hintergrund des Gelächters war ein kleines Radio zu hören, welches ununterbrochen spielte.

Als sich die Jungs wieder beruhigt hatten, hörte ich von Weitem ein Auto. Ich stieg auf einen alten Termitenhaufen und sah im Affentempo einen Jeep auf uns zukommen. Nach circa zwei Stunden kam endlich mein Guide, der mich von hier aus durch Botswana begleiten sollte. Auch das war bereits in Berlin geplant worden. Dass es aus dieser weiten Entfernung mitten im Busch auch funktionierte, war schon beachtlich.

Wieder war ich allein mit einem Menschen, dem ich zu hundert Prozent ausgeliefert war. Er hieß Steve, war dänischer Herkunft, circa sechzig Jahre alt, und lebte seit über vierzig Jahren im Busch bei den Tieren. Das hatte ich bereits von den Jungs erfahren, die Steve zuvor ehrfürchtig beschrieben.

Steve begrüßte alle, und sie verabschiedeten mich im Gegenzug mit einem festen Händedruck, warfen meine Klamotten hinten aufs Auto und bestanden darauf, dass ich mit meinen Töchtern noch einmal nach Afrika kommen sollte, um sie dort vorzustellen. Mit den Worten ›Macht nicht so'n Theater‹, auf Englisch natürlich, verabschiedete sich Steve lautstark, um das Rumgealber der Jungs zu übertönen. Er sollte für die nächsten Wochen mein Bruder, Freund und Vater sein. Das wurde mir aber erst bewusst, als wir uns am Ende unserer gemeinsamen Tour wieder trennten.

Wir stiegen also in den offenen Landrover und fuhren

quer durch den Busch. Unterwegs zum Camp erklärte er mir, was sich in den nächsten Wochen so abspielen würde. Wir würden erst in circa drei Tagen vom ersten Camp aus aufbrechen und dann zu Fuß durch den Busch von Camp zu Camp laufen. In den ersten Tagen würde er mir aber erst einmal beibringen, wie man im Busch überlebt. Ich blickte hinüber zu Steve und sah ihn mir ganz genau an. Denn jetzt war es nicht mehr ein ›Lernen wollen‹ wie zuvor mit Jeff, sondern ein *Müssen*. Das wurde mir sofort klar. Ich dachte, ich könnte bestimmt einiges von dem, was mir Jeff beigebracht hatte, auch gebrauchen. Ansonsten redeten wir auf der ersten Fahrt zum Camp nicht viel. Er zeigte mir vom Wagen aus die ersten Tiere, die wir später zu Fuß auch noch sehen würden. Er machte mich mit den Gepflogenheiten dieser Tierwelt vertraut, ohne dass er einmal zu mir herübersah, denn das Geschaukel und Gehoppel in diesem Landrover verlangte seine komplette Aufmerksamkeit. Überall waren riesige Pfützen, Elefantenlöcher, umgestürzte Bäume und Wurzeln. Allein auf dieser Fahrt sah ich so viele Tiere, dass ich zeitweise sprachlos war. Wir kamen an einigen Seen vorbei, die gefüllt waren mit schwimmenden, brüllenden Flusspferden, vor denen mich Steve eindringlich warnte. Elefantenherden, die sich hinter den Sträuchern und Bäumen versteckten, waren einige Male ziemlich aufgebracht, da sie wohl Autos nicht sehr mochten. Sie bedrohten uns und trompeteten mit vollem Einsatz so laut, dass mir bewusst wurde, wie gefährlich nah wir mit dem Wagen waren, und ich jedes Mal froh war, wenn wir mehr Abstand gewonnen hatten. Steve fuhr an allen vorbei, als wären sie Hunde in einem Citypark. Antilopen sprangen davon, und permanent hatten wir sandfarbene Frankoline vor unserem Auto, als wollten sie mit uns um die Wette laufen. Frankoline sind etwas Ähnliches wie Rebhühner, nur bei weitem verrückter. Alles war so sehr beeindruckend. Ich fühlte die weiche, mit allen Gerüchen angereicherte Luft, nahm tausende neue Tierstimmen wahr und wurde mit einem Glücksgefühl erfüllt, das ich leider nicht beschreiben kann.

Es regnete wieder leicht, trotzdem war es sehr warm und irgendwie auch angenehm. Nach etwa vier Stunden waren wir im Maincamp angekommen. Eine Bauminsel, die sich in dieser Buschlandschaft etwas erhob und daher geeignet war, dort Hütten und Zelte aufzubauen, diente als sicheres Buschcamp. Die Aussicht vom Camp aus war wieder einmalig grandios. Auf Holzpfählen gebaute Podeste mit großzügigen Zelten waren die Unterkünfte für alle, die dort eine Zeit lang lebten. Es wurde mir schnell klar, warum dieses Camp so hoch gebaut wurde: wegen der Tierübergriffe in der Vergangenheit.

Ich war wieder begeistert. Es gab ein Haupthaus, wo jeder sich aufhalten konnte und wo gegessen wurde, und es gab eine große Küche nur ein paar Meter dahinter. Zäune suchte man dort vergebens. Ich verlud erst mal meine Klamotten in mein Zelt und setzte mich gleich wieder mit Steve zusammen. Durch die hohe Lage des Camps und der Zelte hatte man durch die Bäume hindurch einen tollen Rundum-Blick. In diesem Camp gab es noch einen anderen Gast. Ein englischer Reporter, der für ein Tiermagazin arbeitete, war für eine Woche hierher eingeladen worden. Leider war für ihn diese Woche morgen schon vorbei.

In den ersten Gesprächen mit Steve erfuhren wir beide erst einmal das Notwendigste voneinander. Er wollte wissen, wie fit ich war, welchen Sport ich trieb, wie oft ich bereits in Afrika gewesen war, und so weiter und so weiter. Er stopfte sich eine Pfeife und erzählte einiges über sich. Ich sah ihn voller Bewunderung an, als er mir einen großen Einblick in sein Leben verschaffte. Seine schlitzförmigen kleinen Augen lugten hin und wieder unter seinem Hut hervor. Sie waren stahlblau. Seine Stimme war rau und sehr ruhig. Die braune, lederne Haut im Gesicht schlug tiefe Furchen, die aussahen wie die Narben eines ausgetrockneten Flussbettes. Sein langes, fast weißes Haar war dünn und strähnig. Seine Safarikleidung mit dem dicken Ledergurt und dem Messer daran war so alt wie er selbst. Hin und wieder stopfte er mit seinem Zeigefinger seine Pfeife nach, nur ganz kurz, sodass er sich seinen Finger nicht verbrannte, um mit tiefen Zügen den glühenden Tabak in wohlriechenden Rauch zu verwandeln. Der graue Oberlippenbart, den er schon monatelang nicht mehr geschnitten hatte, war gelblich angeräuchert und verdeckte einen Großteil seines Mundes. Er erzählte mir, dass seine Eltern vor über vierzig Jahren hier eine Laborstation hatten. Als er in London studierte, sind seine Eltern durch eines dieser Affenfieber gestorben, an denen sie gerade forschten. Denn sie erforschten und bekämpften Buschkrankheiten, was sie zu jener Zeit weltweit bekannt machte. Als damals das Versorgungsflugzeug seiner Eltern kam, fand man beide in ihrem Bett. Seine Mutter, die Deutsche war, war bereits zugedeckt, sodass man daraus schließen konnte, dass sein Vater, er war Däne, schon so geschwächt war, dass er seine Frau nur noch zudecken konnte, statt sie zu begraben. Wer weiß, wie lange er noch so an ihrer Seite war, bevor er schließlich selbst starb. Über Funk war jedoch von beiden nie Hilfe angefordert worden. Eine Erklärung dafür gab es wohl nicht. Steve selbst konnte nicht einmal ihre Gräber besuchen, weil das Labor komplett von der Regierung angesteckt worden war. Erst als er einen Monat später dort ankam, ging er zu den Überresten des Camps, nahm sich von dort ein wenig Asche, tat sie in eine Thermosflasche und vergrub sie unweit des Platzes, wo seine Eltern oft stundenlang gesessen hatten, um die wundervolle Landschaft zu betrachten. Diese Geschichte erzählte er mir, weil ich Deutscher war, und Deutsche, so sagte er, kämen nicht oft zu ihm, um alleine mit ihm durch den Busch zu laufen. Nicht dass ich mir etwas darauf einbildete, Deutscher zu sein, aber eine gewisse Verbundenheit verspürte er wohl schon. Ich fragte ihn auf Deutsch, ob er mein Deutsch eigentlich verstehe.

Er grinste vorsichtig mit einem Mundwinkel und sagte: »Natürlich, men Mutta het oft met mir geredet of Deutsch. Nur Anhören is nich god. Eck vasteh better, as ick sprech.«

Verstehen konnte er wohl alles, wie er anmerkte, doch wir sprachen auf Englisch weiter, weil sich in diesem Moment der Engländer zu uns setzte. Nach seinem Dialekt zu urteilen musste seine Mutter aus dem hanseatischen Teil Deutschlands gekommen sein. Ich fragte später einmal nach und bekam für meine erste Vermutung meine Bestätigung.

Ich sah mich um, nahm mir das Fernglas, das auf dem Tisch stand und entdeckte überall Tiere: verschiedene Antilopenarten, Zebras, Gnus, Giraffen und Paviane, ganz in unserer Nähe. Ich war überglücklich. Sekunden später rasten zwei Geparde über die Steppe. Was sie da jagten, sah ich leider nicht, das Gras war an dieser Stelle einfach zu hoch. Meine Gefühle hüpften in mir hin und her, ich fühlte mich wie angekommen. Von der Steppe kam ein leichter Wind, der verschiedene Düfte in sich trug. Es roch hin und wieder wie auf einem Bauernhof, nur nicht so intensiv. Die Krönung dieser Gesamtinszenierung waren die Tierstimmen. Ich schloss meine Augen und versuchte, die Stimmen den Tieren zuzuordnen.

Ich versank in Gedanken an meine Eltern, weil mir die Geschichte mit Steve nicht aus dem Kopf ging. Wie viele Dramen sich hier täglich abspielten, zeigte sich mir auf der Fahrt hierher durch die vielen gerissenen Tiere. Meistens blieben nur einige Fellfetzen und Skelette übrig. Aber auch das empfand man sofort als völlig normal. Ich fragte mich, wie lange dieses Paradies und diese Natur noch so in dieser Form und Vielfalt existieren würden.

Aus meinen Gedanken gerissen fragte mich Steve, wie ich darauf käme, allein mit ihm durch den Busch zu gehen. Er habe seit mindestens zwanzig Jahren diesen Job hier, hatte einige hundert Touren mit verrückten Amerikanern und reichen Europäern gemacht. Aber mit einem Mann alleine – noch nie! Es sei auch überhaupt nicht erlaubt, da immer zwei Begleiter pro Gruppe unterwegs sein müssten. Es erkläre sich eigentlich von allein. Denn sollte Steve etwas zustoßen, was wäre mit mir? Er klang nicht sehr begeistert, war aber auch nicht sonderlich böse und schüttelte mit einem Seufzer verständnislos den Kopf.

»Aaach nein«, sagte er auf Deutsch, stand auf und kam mit zwei Gläsern Sherry wieder zurück.

»Prost«, sagte er auf klar Deutsch mit preußischer Haltung und lachte einmal herzhaft laut.

»Diese Deutschen«, kam dann noch, bevor wir uns über

den Sherry und die deutsche Geschichte hermachten. Als Halbdeutscher mit einem namibischen Pass hatte er es nicht immer leicht, erklärte er mir, beschrieb einige persönliche Erfahrungen mit den Ämtern und verschiedenen Regierungsstellen einiger Staaten, bevor wir schließlich das Thema wechselten. Wir hatten bis in den Abend hinein eine rege Gesprächsrunde, an der sich auch die Angestellten beteiligten. Es wurde ein Feuer gemacht, und ich hörte ganz in der Nähe die Löwen brüllen.

Auf meine Frage, ob die näher kämen, sagte er: »Zum Camp nur sehr selten, aber wir werden jeden Morgen ihre Spuren am Rand des Camps sehen. Es gibt eine Löwin hier, die nachts durch das Camp läuft, wenn sie Junge hat, dann säuft sie immer da vorn, aus meiner Wasserstelle.«

Eine merkwürdige Ruhe stellte sich ein, als er das sagte. Der Engländer, der sich zu uns gesellte, bestätigte diese Geschichte. Ihm war sie bereits vor einem Jahr erzählt worden, bis er die Löwin selbst mal sah.

»Da«, sagte Steve.

Wir hörten die Löwen brüllen.

»Das sind meine Freunde«, betonte Steve und seine Augen fingen an, im Schein des Feuers zu leuchten. Er nahm ein Stück Holz aus dem Feuer und steckte seine Pfeife wieder an.

So verging mein erster Abend, bevor ich wieder in mein Zelt ging. Natürlich bekam jeder, der zu Bett ging, einen Begleiter mit Petroleumlampe, denn die Zelte standen bis zu vierzig Meter vom Haupthaus weg. Und allein im Dunkeln durch das Camp laufen – unmöglich! Bei offener Zelttür, mit dem direkten Blick nach draußen, genoss ich die erste Nacht in diesem Camp, die voller Tierlaute war.

Später verschloss ich mein Zelt, weil ich doch Bedenken hatte, einen unangemeldeten Besuch zu bekommen. Obwohl bereits einige ungebetene Besucher drin waren. Na klar – Moskitos! Ich begann meinen abendlichen Vernichtungsfeldzug gegen diese Jagdflieger mit unnachahmlicher Härte. Ruhe fand ich aber erst unter meiner Decke. Alle Tiere da draußen waren aktiv. Ich war in einer völlig anderen Welt ... *einer wertvollen Welt.*

Einige Stunden später, mitten in der Nacht: Ich erschrak. Mit aufgerissenen Augen lag ich stocksteif da. Mein Herz schlug bis zum Hals. Was war da? Unter meinem Zelt schnaufte etwas, Äste zerbrachen, was war das? Wieder knackte es. Alle anderen Tiere waren nicht mehr zu hören, höchstens ein paar Grillen. Stunden vergingen, ohne dass mein Herzschlag nachließ. Unter meinem Podest wurde es ruhiger. Hellwach lag ich nach Stunden immer noch im Bett, ohne mich auch nur einmal zu regen. Immerzu dachte ich an die Löwen, die nun nicht mehr zu hören waren. An alle möglichen Tierarten dachte ich, die schlimmsten Szenen spielten sich in mir ab, und ich fragte mich, woher kam diese innere Unruhe? ›Was mache ich, wenn Löwen diese Treppe auf das Podest steigen?‹ Tausend Fragen hatte ich. Mir wurde sehr bewusst, dass ich für gefährliche Situationen überhaupt kein Verhaltensmuster hatte. Selbst während meiner Tour durch Angola und Namibia hatte ich mir diese Fragen nie gestellt. Merkwürdig, dieses Camp war etwas anderes. Alles war sehr wild – eigentlich genau das, was sich so lange gesucht hatte. Nun musste ich lernen, damit umzugehen.

Als die Morgendämmerung einsetzte und der erste Lichtschein am Horizont durch die Bäume schimmerte, ging es mir besser. Ich stand auf, und die ersten Vögel wurden mit mir gemeinsam wach. Hinten, am Zeltende, standen Zeltwände offen. Dort befand sich der Waschbereich mit dem WC, umbaut mit krüppligen Hölzern, sodass vom Weg unten niemand Einsicht hatte. Nach oben hin war dieser Bereich ebenfalls offen, sodass man direkt in die Baumkronen sah. Die Sterne waren noch zu sehen, obwohl sich am Horizont der Himmel bereits hellgrün und orange färbte. Wieder ein Schauspiel der Natur, welches sich jeden Morgen neu und anders präsentierte. In die Morgenstimmung eingebunden machte ich mich auf den Weg ins Haupthaus, um mir die Beine etwas zu vertreten. Ganz überraschend saß Steve bereits am Feuer und trank Kaffee. Ohne sich umzudrehen, fragte er mich, wie ich so geschlafen hätte.

»Prima«, sagte ich auf Deutsch und nahm mir die Kanne mit dem Kaffee, wobei ich mir erst mal die Hand am Griff verbrannte. Selbstverständlich ließ ich mir nichts anmerken. Alle Fragen, die ich in der Nacht hatte, wollte ich beantwortet wissen. Es war die beste Gelegenheit, in Ruhe meine Unsicherheit abzulegen. In Anbetracht der Tatsache, dass es noch sehr früh und ich selbst noch gar nicht so richtig wach war, wollte ich Steve mit meinen Fragen auch nicht überfordern. So beschränkte ich mich auf ein paar wesentliche Fragen, die sich mir noch aufdrängten. Auf meine Fragen gab es kurze, aber knackige Antworten.

Am Ende meiner Befragung sagte Steve: »Du wirst es kaum glauben, aber es sind immer die gleichen Fragen, die unsere Gäste hier stellen. Warte erst mal, wenn wir unter freiem Himmel schlafen.«

Ich schluckte. *Wie* jetzt? Er spielte auf die Löwenfrage an, die ich da noch hatte.

»Angst ist ein völlig gesundes Gefühl, sie beschützt dich vor Gefahren«, sagte Steve und fragte mich, ob ich mitkommen wolle, Gordon zur Landebahn bringen.

Gordon war der Engländer, der nun Gott sei Dank wieder nach Hause musste. Er war mir unsympathisch, da er mit den Leuten hier umsprang, als wären sie seine Sklaven. Da mitzufahren war eine super Gelegenheit, mehr von diesem Land zu sehen und dabei die Dämmerung hautnah zu erleben. Ich holte noch schnell meine Kamera, mein Messer und meinen Hut, nachdem ich meinen Kaffee ausgetrunken hatte, weil Steve früh los wollte. Es war sehr kühl, der Nebel verdichtete sich, und die Landschaft versank in einer Atmosphäre totaler Stille.

Die anschließende Fahrt endete an einer Landebahn, die regelmäßig gereinigt und von tierischen Bauten freigehalten wurde. Als wir dort ankamen, mussten wir erst einmal einige Giraffen, Gnus und Zebras vertreiben, die zum Teil auf der Landebahn ruhten. Es war ein netter Spaß, so früh am Morgen diese Vierbeiner etwas zu jagen, ohne dabei ein schlechtes Gewissen haben zu müssen. Undenkbar, was passieren würde, wenn im Landeanflug Tiere auf der Landebahn wären. Die Landebahn schnellst möglich freizubekommen hatte erste Priorität, denn keiner wusste genau, wann die Maschine kommen würde, auch wenn wir zu diesem Zeitpunkt noch gut und gerne eine halbe Stunde Zeit hatten. Auch dass es an diesem Morgen so neblig war, musste Steve bedenken, da der Pilot keine gute Sicht auf die Landebahn hatte. Steve überlegte, ob er die Feuerdosen, die am Rande der Landebahn eingebuddelt waren, anzünden sollte, damit sich der Pilot besser orientieren konnte. Er hatte aber genug Erfahrung diesbezüglich und überließ dem Wind die Arbeit, für eine bessere Sicht zu sorgen. Wir stellten uns an den Rand, genau in die Mitte der Landebahn, und unterhielten uns noch recht angeregt mit dem Engländer, der sich fürs nächste Jahr bereits wieder angemeldet hatte.

Bei diesem Gedanken kam in mir das erste Mal Neid auf. Wie konnte das sein, dass dieser Typ jedes Jahr ans Ende der Welt fliegen konnte, als wäre das alles nichts Besonderes? Später erfuhr ich, dass dieser Typ ans Ende der Welt reiste, um komplett abzuschalten, um mal alles hinter sich zu lassen. Na, eben wie Brad Pitt, der ebenfalls sehr oft in Afrika Urlaub macht. Ich fand diesen Gedanken sehr sympathisch und stellte fest, dass ich ja eigentlich nichts anderes tat.

Steve stellte den Motor ab und lauschte, ob in der Weite eine Maschine zu hören war. Das Einzige, was ich hörte, waren die Paviane weit hinten im Busch und einige Zebras, die noch ganz aufgeregt wieherten, da wir sie ja in ihrer morgendlichen Ruhe gestört hatten. Steve stopfte seine Pfeife, und die Zeit verging überhaupt nicht. Die halbe Stunde war dann irgendwann vorbei, und die Maschine kam und kam nicht. Steve hatte wenige Minuten zuvor über Funk im Maincamp angefragt, ob es eine Nachricht gab, die das Ausbleiben der Maschine erklärte. Aber da war nichts. Alles sollte so bleiben. Mittlerweile verzog sich der dichte Tiefnebel in eine leichte Bewölkung, die höher aufstieg und zunehmend weniger wurde, bis wir kurz darauf voll in der prallen Sonne standen. Wir zogen uns nach und nach unsere Jacken aus, krempelten alles hoch, was man hochkrempeln konnte, und verbrachten Stunde um Stunde an dieser Landebahn.

Auf einmal kam Leben ins Spiel. Am rechten Ende der Landebahn kam eine Herde Elefanten auf die große Lichtung, um in ein anderes Gebiet zu ziehen.

»Jedes Mal der gleiche Quatsch«, brubbelte Steve.

Ich nahm mein Fernglas und beobachtete die Herde.

»Meine ganz persönliche Verabschiedung«, sagte Gordon, der mich nun echt nervte. Die Herde lief genau auf die Bahn, woraufhin Steve noch im gleichen Moment den Motor startete. Er raste auf die Landebahn, immer mit dem Blick nach oben, den Elefanten im Affentempo entgegen. Wir waren nicht einmal fünfzig Meter gefahren, da liefen die Dickhäuter um ihr Leben. Nur die Leitkuh stellte sich uns mit aufgestellten Ohren entgegen, trompetete wie verrückt und lief dann doch noch den anderen nach. Immer mit dem Rüssel nach oben tobte die kleine Gruppe von sieben Tieren über die Steppe in Richtung des Camps, ohne sich umzudrehen. Steve wendete wieder – und da kam sie. Endlich, dachte ich und blickte noch einmal der Herde nach, die noch immer um ihr Leben lief. Sie tat mir irgendwie leid, denn ohne die permanenten Störungen der weißen Urlauber würde sie in Ruhe dort leben können. Nach der Landung der dreimotorigen Maschine gab es ein kurzes ›Hallo‹, die Post wurde getauscht, und nach einigen Minuten des wichtigsten Informationsaustausches startete der Pilot seine Maschine, hob wieder ab und verschwand im endlosen Himmel über Afrika. Der eher unsympathisch wirkende Gordon war endlich weg.

Steve zeigte mir auf der Rücktour die ersten wichtigen Spuren der Tiere und die wichtigsten Pflanzen, die ich seiner Meinung nach unbedingt kennen sollte. Einige wenige Pflanzen kannte ich ja schon von Jeff und war froh über mein erweitertes Wissen, das Steve mir vermittelte. Die Morgenstimmung war nun völlig aufgelöst und die Sonne brannte durch das Verdeck des Wagens. Die Gerüche verdichteten sich, der Glanz des Morgentaus löste sich langsam auf, und die ersten Libellen tanzten paarungswillig auf den Seerosen der kleinen Seen, die es dort überall gab. Es war absolute Harmonie, und in meinem Kopf hörte ich das Lied ›What a wonderful world‹. Hin und wieder stiegen wir aus unserem Wagen und gingen bis zu hundert Meter durch den Busch. Steve zeigte mir Essbares und Giftiges, vergewisserte sich durch Rückfragen, ob die mir zuvor gezeigten Pflanzen und Spuren in meinem Kopf auch hängen geblieben waren, ohne jedoch das Gebiet aus den Augen zu verlieren. Steve hatte immer sein Gewehr dabei und unterrichtete mich in Verhaltensregeln und Naturkunde. Er war sehr geduldig und glich eher einem guten Lehrer. Alle meine Fragen, die ich mir in der letzten, so aufregenden Nacht zurechtgelegt hatte, wurden mehr als nur beantwortet. Ich fühlte mich durch seine Anwesenheit und durch seine Belehrungen sehr viel sicherer. Immer und immer wieder setzte er mich unter Druck, um zu sehen, wie ich reagierte. Ich bemerkte dieses Spiel ziemlich früh, tat aber nichts, um den Ablauf zu stören. Die größte Freude machte ich ihm, wenn ich ihm eine Schlange zeigte, die er nicht sah, oder ich ihm Spuren zeigen und erklären konnte, nach denen er mich gar nicht abgefragt hatte.

»Da!«

Es raschelte auf elf Uhr vor uns, in den circa vier Meter entfernt stehenden Büschen. Er bückte sich tief, ganz langsam, mit dem Gewehr in der Hüfte, und lachte.

»Es sind Warzenschweine«, sagte er.

Ich bückte mich auch und sah unter den Sträuchern hindurch. Die Schweine nahmen uns wahr, suchten aber weiter ihr Frühstück zusammen, da wir anscheinend keine besondere Bedrohung für sie waren. So gingen wir wieder zurück zum Wagen, und Steve versprach mir ein nettes Frühstück. In den nächsten zwei Tagen würden wir noch mehr von diesen Erkundungs- und Kennungstouren machen, sagte Steve, damit er sich sicher fühlen konnte, wenn wir durch den Busch gingen.

Mir wurde immer bewusster, warum er das tat. Beim Essen sagte er mir, dass er sich auch sicher sein müsse, dass ich überlebte, sollte ihm etwas zustoßen. Dieser Satz klang wie aus einem billigen Abenteuerfilm, war aber eine klare Ansage und purer Ernst. Denn diese Touren sind zwar völlig normal, werden auch gerne gemacht, sind aber zu zweit absolut nicht erlaubt. Immer wieder fragte er mich, ob ich diese Allein-Tour auch wirklich machen wollte. Worauf ich mit »Sicherlich, na unbedingt« antwortete.

Er zeigte mir auf einer Karte die verschiedenen Camps, die sich in unregelmäßigen Abständen auf der Route verteilten, und erklärte mir noch dies und das. Die Sachen, die wir so brauchten, würden täglich von seinen Jungs mit dem Auto hingefahren, sodass wir uns damit nicht abschleppen mussten. Steve ging es aber wohl eher darum, dass uns jemand mit einigem Zeitabstand hinterherfuhr, sodass er eine zusätzliche Absicherung hatte. Was mich im Übrigen ebenfalls sehr beruhigte. Darüber hinaus erzählte er mir, dass andere, weiter entfernte Lodges und Camps über unsere Allein-Tour Bescheid wüssten und uns im Extremfall zu Hilfe kämen. Es würde auch immer jemand bereits im nächsten Camp sein, damit wir uns das Essen nicht selbst kochen müssten. Mit diesen Aussichten konnten wir es beide einigermaßen ruhig angehen.

Am Abend packten wir unser Marschgepäck, hockten uns wieder vor das Feuer und gingen irgendwann ins Bett. In der Nacht brüllten wieder die Löwen. Ich schlief kaum, denn es war irre heiß.

Am nächsten Tag erging es mir wie am ersten, wo Steve mich abermals abcheckte. Wir waren mit dem Wagen unterwegs. Er zeigte mir wiederholt diverse Pflanzen und Spuren, und ich musste jederzeit seine Fragen beantworten. Alles verlief ruhig und ohne Zwischenfälle – bis auf eine wichtige, neue Erkenntnis, was Elefanten betraf. Nach der Entdeckung einiger Spuren, denen wir folgten, sahen wir in sicherer Entfernung eine Herde Elefanten, die circa hundert Meter von uns direkt an einem Sumpfgebiet entlangmarschierte. Die Gruppe bestand aus fünf Kühen und zwei Jungtieren, die auf ein kleines Waldstück in unserer Richtung zuliefen, da sie uns bereits gewittert hatten. Es könnte die Herde von der Landebahn gewesen sein, dachte ich. Wir näherten uns mit dem Wagen langsam der Herde, bis sie auf einmal stehen blieb. Steve hielt an. Wir hatten uns bis auf circa sechzig oder achtzig Meter der Herde nähern können. Die Leitkuh stellte sich mit nach vorn gerichteten Ohren auf und trompetete. Die anderen Kühe waren ebenfalls ganz aufgeregt.

»Was haben die denn«, fragte Steve, »wir sind doch weit genug weg?«

Die Leitkuh rannte einige Meter in unsere Richtung, drehte aber wieder ab.

»Das sind Scheinangriffe«, beruhigte mich Steve.

Ich fand es schön, so etwas erleben zu können, denn wir waren ja weit genug weg. Das taten die Dickhäuter noch zwei, drei Mal und liefen dann mit der gesamten Herde auf uns zu.

»Oh, oh … was ist los?«, kam es von Steve.

So schnell er konnte, legte er den Rückwärtsgang ein, wendete den Wagen, drehte sich noch einmal zu den Elefanten um, ob sie auch wirklich uns meinten, und gab Vollgas. Meine Blicke waren immer wieder nach hinten gerichtet. Hin und wieder, wenn ich mich mal nach vorne drehte, peitschte mir der eine oder andere Ast um die Ohren. Einmal so stark, dass ich merkte, wie mein aufgeheiztes Blut vom Nasenbein und unter dem linken Auge herunterlief. Die Herde lief und lief und kam uns bedrohlich nahe, da Steve hin und wieder langsamer werden musste, um in den Rückspiegel zu schauen oder um Hindernissen ausweichen zu können, die überall herumlagen: umgestoßene Bäume, verstreute Äste, unzählige Löcher, die von Warzenschweinen oder Elefanten gebuddelt worden waren, und Termitenhügel. Auf einmal war alles da, was kein Mensch in einer Situation wie dieser wirklich braucht. Ich hatte echt Schiss! Denn ich wusste, was Elefantenkühe und Bullen tun, wenn sie sauer sind. Ich hüpfte in dem Wagen auf und ab, bis wir endlich sicheren Boden unter den Rädern spürten. Es war eine ausgefahrene Fahrrinne, die zwar glatt war, aber hin und wieder riesige Pfützen aufwies. Steve folgte der Fahrbahn nach links, die eigentlich keine war, und gab wieder Vollgas. Eine der Kühe nahm aber eine Abkürzung durch die dichte Vegetation links von uns, ohne unbedingt viel Rücksicht auf irgendetwas zu nehmen, was da so rumstand. Bis auf circa zehn, fünfzehn Meter näherten sich diese aufgebrachten Damen unserem Auto. Die eine Kuh links von uns war nicht mehr als fünf, sechs Meter von unserem Wagen entfernt. Dieses Elefantenrennen dauerte einige Minuten, bis wir endlich sahen, dass die Herde stehen blieb. Das war so aufregend, dass mir das Herz fast in die Hose rutschte.

»Das war knapp«, sagte Steve und sah mich überrascht an, als er das Blut in meinem Gesicht sah.

Nach einer Antwort für diese Attacke suchend fuhren wir wieder zurück zum Camp. Ich wurde verarztet, bekam jede Menge Sherry und fühlte mich endlich wie ein Mann. Beim Abendessen bekam ich dann die Erklärung für diese gefährlich gewordene Situation: Da wir mitten im Wind zu den Elefanten gestanden hatten, hatten sie sich durch uns bedroht gefühlt. Das Sumpfgebiet auf der anderen Seite der Herde verschloss ihnen zum einen das Ausweichen, und zum anderen ignorierten wir die Drohgebärden der Leitkuh, denn sie hatten ja Junge bei sich. Bestimmt waren sie kurz zuvor schon einmal in eine bedrohliche Lage geraten und hatten einfach nur die Schnauze voll. Ich musste sofort an die Aktion am Morgen an der Landebahn denken, sagte aber keinen Ton. Normalerweise starten sie einen Scheinangriff, bleiben irgendwann stehen, ohne am Ende wirklich anzugreifen. Aber in diesem Fall war eben alles anders. Das Entscheidende aber war, dass permanent der Wind aus unserer Richtung kam und sie uns genauso permanent im Rüssel hatten.

Diese Erlebnisse glaubt mir zu Hause kein Schwein,

dachte ich, als ich später im sicheren Camp zu Abend aß, wobei mir da erst so richtig bewusst wurde, wie haarscharf dieses Abenteuer auch in einer Katastrophe hätte enden können. Ich wertete dieses Erlebnis jedoch als hilfreiche Erfahrung für mich und verstand nun immer mehr, warum es zu zweit im Busch ohne Auto so gefährlich war. Wenn ich jetzt so darüber nachdenke, war es eigentlich Wahnsinn und im Grunde genau richtig, denn es entsprach nicht nur meinen Vorstellungen, sie wurden sogar übertroffen. Und spätestens da wusste ich, ich lebte meinen Traum.

Ich bettete mich frühzeitig, um für unsere morgige, erste Tour fit zu sein. Dieser Abend war besonders kühl. Das Einzige, was brannte wie Feuer, war mein Gesicht. Der Sternenhimmel an diesem Abend – es gab nichts Vergleichbares!

Unsere erste Tour am nächsten Morgen begann völlig entspannt. Steve weckte mich wie jeden Morgen vor Sonnenaufgang mit einem leisen, aber bestimmten Ton: »Endreas, Morning, ofsteen!«

Sein Gang bis zu meinem Zelt war jedoch nicht zu überhören, denn es war vor der Dämmerung fast still. Ich hätte ihn auch sonst nicht überhören können, denn er hustete hin und wieder, nachdem er wach geworden war.

Es war für mich kein Problem, früh aufstehen zu müssen. Im Bruchteil einer Sekunde hellwach zu sein war sogar eine Erlösung, da ich selbst im Schlaf irgendwie hellwach war. Jedes Knacken oder selbst Tierlaute, die in meiner unmittelbaren Nähe zu hören waren, brachten mich in senkrechte Haltung. Genauso schnell schlief ich aber auch wieder ein.

Wir tranken also jeden Morgen um 6:30 Uhr unseren Tee oder Kaffee, und dann ging es los. Innerhalb kürzester Zeit ging hier die Sonne auf, und eins, zwei, drei waren wir kurz nach Sonnaufgang auf dem Weg zum ersten Außencamp. Steve sprach anfangs kein Wort mit mir. Er war wohl noch müde? Das hohe Gras war pitschnass und unsere Hosen bis fast zu den Knien auch. Dieser Sonnenaufgang war wieder etwas ganz Besonderes. Diese Farben – purer Wahnsinn! Verschwenderisch tauchte der Himmel die Natur in Farben, wodurch Farbkombinationen zusammenkamen, die kein Mensch jemals malen würde. Es gab nicht einen Morgen oder Abend, an dem ich nicht alles um mich herum vergaß, wenn ich dieses Naturspiel sah. Es wurde mir nie zur Gewohnheit.

Wir stiegen also durch das vom Morgentau noch nasse Gras und erfreuten uns aller Naturschönheiten, als wir vor einem Termitenbau stehen blieben. Steve erklärte mir, dass es eine gute Möglichkeit gebe, sich im Busch zu orientieren, ohne einen Kompass zu haben: die Termitenhügel im Auge zu behalten, die mit ihrer Öffnung immer in ein und dieselbe Himmelsrichtung zeigen. Wenn ich also weiß, wie die ersten Hügel standen, kenne ich nicht nur den Rückweg, sondern weiß auch, in welcher Richtung mein Ziel liegt. Und so ging das dann den ganzen Tag, denn Steve fand jede Minute etwas Neues, das er mir erklären wollte.

Was ich bei Steve in den folgenden Wochen lernen durfte, um in dieser gefahrvollen Welt klarzukommen, war besser als ein Zehnsemester-Studium an der Uni. Alles, was ich dort lernte, diente der eigenen Versorgung und der Absicherung zum Überleben im Busch. Wie dumm Großstädter doch sind, dachte ich und saugte alles auf, was Steve mir erklärte. Ein unbegrenzter Schatz ist dieser Busch, wenn man ihn zu deuten weiß. Jede Pflanze ist für irgendetwas gut oder dient einem guten Zweck. Nichts ist überflüssig. So gibt es zum Beispiel eine Pflanze, aus der ein Tee gebraut wird, um alle inneren Organe zu reinigen. Die weißen Blüten eines Strauchs zum Beispiel, die nach Parfüm riechen. Ihre gekochte Rinde ergibt einen Schaum, der zur Gewinnung von Seife dient, wenn er sich abgesetzt hat und fest in eine Form gegeben wird. Wurzelknollen, die circa zwei Meter vom Hauptstamm entfernt und circa einen Meter tief in der Erde stecken, beinhalten Wasser. Oder ein spezielles Pflänzchen mit weißen Puscheln, deren Wurzeln als Potenzstärkung dienen, jedoch bei Überdosierung tödlich sein können. So könnte die Auflistung nützlicher Pflanzen noch stundenlang weitergehen. Der afrikanische Busch ist also quasi ein Einkaufszentrum, könnte man sagen.

Wir kamen in ein Gebiet, das zum Großteil unter Wasser stand, nicht besonders tief, dennoch bis zu den Knien und schwer zu durchgehen. Auf jeder Erhöhung und jedem abgebrochenen Termitenhügel suchten wir mit dem Fernglas nach einem trockenen Weg, um zum nächsten Camp zu gelangen. Auch das Absuchen nach Tieren war jederzeit eine Aufgabe, der Steve niemals müde wurde. Die Hosen saugten sich nach und nach mit Wasser voll, sodass wir sie auszogen und uns über den Rucksack legten.

Die Sonne stand nun höher, fast senkrecht, als wir wieder auf trockenerem Untergrund standen. Wir waren darüber sehr froh und bemerkten bei unserem Geplauder überhaupt nicht, wie sich uns ein einsamer Elefantenbulle näherte. Ich musste sofort an den Elefanten in Namibia denken, der mir das erste Mal über den Weg lief und einen nachhaltigen Eindruck bei mir hinterließ. Diese Situation war jedoch etwas ganz anderes. Erstens hatte ich keinen Wagen, mit dem ich mal so eben flüchten konnte, und zweitens war das Gewehr nicht mit der passenden Munition geladen, um einen direkten Angriff mit einem gezielten Schuss zu unterbrechen. Steve beruhigte mich schnell und bewies mir kurz darauf, wie recht er hatte. Dieser Elefant war gutmütig, zeigte mit seiner Körpersprache keinerlei Aggression. Außerdem sei er genügend weit weg, sagte Steve. ›Na ja‹, dachte ich so bei mir, ›das mit dem ›genügend weit weg‹ kenne ich ja nun auch schon.‹ Die gestrige Aktion mit der Herde war wieder lebhaft gegenwärtig; ich verzichtete jedoch darauf, Steve noch einmal darauf anzusprechen. Er sollte aber recht behalten, denn dieser Elefantenbulle war lammfromm. Jedenfalls an diesem Tag!

Wir gingen also in die Richtung des Elefantenbullen, hatten aber dieses Mal Gegenwind. Bis auf circa dreißig Meter näherten wir uns dem Riesen. Es war einfach nur schön, dem grasenden Bullen zuzusehen. Es schien alles so ruhig, nichts störte diese Harmonie. Ja, Harmonie war wohl wieder einmal das richtige Wort. Ich hätte dieses Wort ruhig täglich benutzen sollen, denn was ich so oft bis dahin erleben durfte, war schlichtweg *Harmonie*.

In regelmäßigen Abständen sprangen Wasserböcke, Zebras, Antilopen und alle dort vorkommenden Tiere in unserer Nähe umher. Mit ihrer Körpersprache, ihren Gesten und Lauten wurden unzählige Geschichten und Nachrichten verbreitet. Die vielen Vögel zwitscherten, sangen und krächzten aus Herzenslust. Die ganze Landschaft strahlte dennoch eine ruhige Atmosphäre aus, obwohl die

Vögel zum Teil recht laut waren. Meine Instinkte waren wieder hellwach.

Oft stand ich einfach nur da und es schien mir manches Mal, als hätte ich mein Leben lang nie richtig gelebt.

Wir kamen in ein Gebiet mit kleineren Gewässern, wo tausende verschiedene Seerosen das Wasser bedeckten, als könnte man wie in einer Sofalandschaft darin liegen. Wir balancierten auf einem umgefallenen Baum entlang, der knapp über dem Wasser lag, um ein paar von diesen Seerosen zu ernten. Dort ins Wasser zu gehen, sei fast Selbstmord, sagte Steve, als er ein paar Seerosen herauszog. Zuvor hatte er zwei, drei Mal einen Stein oder ein Stück Holz ins Wasser geworfen, um in der Nähe befindliche Krokodile oder Flusspferde zu erschrecken. Erst als er sich sicher war, dass da nichts unter Wasser sein konnte, ging er auf den Baumstamm. Die Seerosenstängel waren bis zu zwei Meter und länger. Steve zog sein großes Buschmesser und schnitt ein großes Stück aus dem langen Stiel heraus. Die dünne, leicht abzuschälende Haut des Stängels entfernte er und aß das reine Stängelmark. Ich probierte und musste feststellen, dass es sich wie weicher, bissfester Spargel essen ließ, nur anders schmeckte. Es war wieder eine gute Erfahrung, dass man selbst Seerosen essen kann. Also Spargel im Überfluss? Eine Marktlücke?

Die Tagestour war kürzer, als ich glaubte. Ich fand sie aber genau richtig, denn unterwegs war mir schon etwas mulmig, da ich nie wusste, was hinter dem nächsten Busch lauerte. Im Umgang mit Löwen oder anderen Raubkatzen verwies Steve darauf, dass die meisten von denen abhauen, bevor wir ungewollt in irgendeinen Konflikt kommen.

Erleichtert, gesund im nächsten Camp angekommen

zu sein, wurden wir im Camp freudig empfangen. Alles war vorbereitet. Unsere Sachen waren da, die Zelte waren eingeräumt, und sogar das Essen hing kopfüber an einem Baum: Es sollte Impala geben. Eine halbe Stunde, nachdem wir uns umgezogen und geduscht hatten, saßen wir am Feuer und sahen dem Treiben unserer Köchin zu. Die Leute, die uns an diesem Abend so verwöhnten, waren aus dem Maincamp hierhergefahren worden. Steve war sehr aufgelockert, gönnte sich einen Sherry und war sichtlich zufrieden. Wenn ich nur so ein Leben führen könnte …

Kurz vor Sonnenuntergang blickte Steve über meine Schulter, hob den Kopf und sagte: »Sieh da, unser Freund.«

Ich drehte mich um und sah den einsamen Elefantenbullen, den wir bereits am Vormittag gesehen hatten. Er bat unsere Köchin, den Strom anzuschalten. Ich verstand erst nicht, bis mir Steve einige Extras erklärte, die in diesem Camp vorhanden waren.

»Stromleitungen sind dort unsere einzige Absicherung gegen die wilden Tiere, auch bei Nacht. Es gibt ein Stromkabel, das im Gras rund um das Camp verlegt wird, um die Tiere ein wenig auf Abstand zu halten, denn hier im Busch stehen die Zelte lediglich auf einem Holzpodest mit nur einer Stufe ohne jede Absicherung, ohne auf Pfähle gestellt zu sein und ohne jeden Wachposten, der nachts Wache schiebt. Hier ist es gang und gäbe, dass Tiere am Abend ins Camp kommen. Also eine ganz normale Sache.«

Solange ich am Feuer saß, ging es mir ganz gut. Als ich jedoch ins Zelt ging und mich hinlegen wollte, überkam mich ein dummes Gefühl. Ich lag noch lange wach und hörte, wie der Elefant um unser Lager schlich. Er grollte in der für Elefanten typischen Art. Das Grollen war gut zu hören, ein Zeichen, dass er nicht weit weg war. Den Stromzaun berührte er aber nicht, da er die Absicherung wohl kannte. Oder der Strom war einfach nur zu schwach. Ich liebte sein dumpfes, tiefes Grollen, denn es war beruhigend, und man konnte sich sicher sein, dass keine Löwen in der Nähe waren. Ich weiß nicht mehr, wie lange er in unserer Nähe war. Ich schlief irgendwann ein.

Am folgenden Tag war alles sehr friedlich. Die zweite Tour war ohne jede Aufregung und Besonderheiten, aber sehr schön. Der Marsch hingegen war sehr viel länger und anstrengender, sodass ich mich an die Hitze sehr gut gewöhnen konnte. Das Spurenlesen, das Leben im Freien, alles wurde mir immer vertrauter. Mehr und mehr verlor ich meine Ängste und Unsicherheiten. Meine Aufmerksamkeit und das Gefühl, bis in die Haarspitzen hellwach zu sein, ließen mich neue Gefühlswelten erleben. Mir war klar, dass dieses Neue, diese unerklärliche, aufsteigende Lebendigkeit schon immer in mir gesteckt hatte. Jetzt aber lebte ich endlich, was ich mein Leben lang gespürt hatte, ohne es ausgelebt zu haben.

Glauben Sie mir bitte, es waren Gefühle, die man nicht erklären kann. Es gibt bestimmt Tausende, die täglich spüren, dass sie eigentlich ein falsches Leben führen. Auch ich war mir ganz bewusst, dass ich eigentlich in Deutschland ein falsches Leben führte. Aber genauso war mir klar, dass ich ohne meine Familie nicht leben konnte und dass jeder Gedanke, dort in Afrika im Busch leben zu wollen, absurd und naiv zugleich war. Vielleicht war es ja auch nur meine Euphorie über die überwältigende neue Welt, die sich für mich dort auftat. Ich fühlte mich endlich befreit aus meiner gesellschaftlichen Zwangsjacke. Und das stand fest. Alle Sinnesorgane funktionierten tausendmal besser als in Deutschland. Ich kam mir vor wie … *wie endlich aufgewacht.*

Diese Gedanken hatte ich auch, als ich am nächsten Morgen geweckt wurde. Steve ging vor meinem Zelt auf und ab, den Blick nach unten gerichtet, ohne etwas zu sagen. Noch in Unterhose, ein Badehandtuch um die Hüften geschlungen, ging ich vor das Zelt, weil ich sehen wollte, was Steve da draußen suchte.

»Zieh dir was an, wir hatten eine Leopardin vergangene Nacht im Lager. Die werden wir heute mal besuchen«, sagte Steve, ohne den Blick zu heben.

Ich war bis in die Zehenspitzen gespannt und zog mich an. Nichts, aber auch absolut gar nichts hatte ich in der Nacht von dem Leoparden gehört. Es dauerte keine drei Minuten, da war ich fertig, sog mir noch schnell einen Kaffee rein, und schon saßen wir in unserem offenen Landrover, mit dem am Tag zuvor unsere guten Geister gekommen waren. Dieses Mal nahm ich meinen Fotoapparat mit, in der Hoffnung, meinen ersten Leoparden zu sehen. Wir fuhren ganz langsam und verfolgten, halb aus dem Auto gelehnt, die Spur des Leoparden. Oder vielmehr der Leopardin. Ich fragte Steve, woher er wüsste, dass es eine *Sie* war.

»Ich hoffe, dass es die Leopardin ist, die seit zwei Jahren hier ihr Revier hat«, sagte er.

Im Sommer konnte er sie auf fast jeder Tour zwischen diesen beiden Camps sehen. Sie war ohne jede Scheu, hielt sich aber immer nur mit großem Abstand in der Nähe auf. Steve war nicht ganz sicher, ob er dieses Annähern in der Nacht so dicht am Lager gutheißen sollte. Wir stiegen hin und wieder aus unserem Wagen, um eine Verwechselung verschiedener Spuren auszuschließen. Im Sand waren auch jede Menge Hyänenspuren zu sehen, die in der letzten Nacht entstanden waren. Hyänenspuren erkennt man leicht an ihren herzförmigen Abdrücken. Und davon waren eindeutig zu viele zu sehen. Steve sah besorgt aus. Nach ein paar Minuten sahen wir dann die ganze Gruppe, die gerade dabei war, sich in einem toten Zebra zu wälzen. Es war schön, mit anzusehen, wie diese kichernden Spinner sich über ein völlig vermodertes Zebra hermachten. Wir waren wohl zu dicht herangefahren, denn sie galoppierten in ihrer trotteligen Art vor uns davon.

Nach etwa einer Stunde sahen wir dann den Leopard. Es war keine Dame. Es war ein *Er.*

»Ein Neuer in dieser Gegend«, meinte Steve, als er durch das Fernglas sah und freute sich darüber, denn das konnte nur bedeuten, dass sich die zwei entweder noch begegneten oder sich sogar bereits gefunden hatten.

»Mal sehen, ob es da bald Nachwuchs gibt«, sagte Steve.

Er schaltete den Motor ab und blieb stehen, denn wir waren gerade mal vierzig Meter von ihm entfernt. Der Leo lag völlig entspannt auf einem umgestürzten Baum und genoss offensichtlich die Aussicht. Er hatte uns schon sehr viel länger kommen sehen als wir ihn. Nach einigen Fotos stiegen wir vorsichtig aus, ganz langsam, um näher zu kommen und um noch bessere Fotos zu machen. Hätten wir den Motor wieder gestartet, wäre der Leo sicherlich abgehauen. Langsam schlichen wir heran, ohne ihn direkt anzusehen, denn das durften wir auf keinen Fall. Er tat es im Übrigen auch nicht; er lag da, als würde ihn das alles überhaupt nichts angehen, träge, majestätisch. Ein Augenblick, den ich mein ganzes Leben nicht mehr vergessen werde.

Nach circa zwanzig Metern blieben wir stehen, um ihn nicht zu verjagen oder gar zu provozieren. Steve war absolut zufrieden, denn er hoffte natürlich auf Nachwuchs, den er dann regelmäßig beobachten könnte.

»In freier Wildbahn Leoparden zu beobachten ist nicht jedem vergönnt«, bemerkte er flüsternd.

Seine Leonie, so nannte er die Leopardin, bekomme er circa zehn, maximal fünfzehn Mal im Jahr zu sehen. Und das fand er schon erstaunlich. Denn es war dort in dieser Gegend keineswegs selbstverständlich, auf Leoparden zu treffen. Es gab Gäste, die bereits drei oder vier Mal in dieser Region gewesen waren, ohne jemals einen Leoparden gesehen zu haben.

Ich fotografierte, was ich konnte, und vermied dabei schnelle Bewegungen. Gleichzeitig erklärte mir Steve, was er alles über Leoparden wusste und was man beobachten sollte, wenn man auf sie traf. Alles natürlich im Flüsterton, was für Steve nicht ganz einfach war mit seiner tiefen, rauen Stimme. Plötzlich zupfte er mich von hinten am Ärmel.

»Das reicht, nicht näher«, flüsterte er.

Ich blieb stehen und wollte mich vorsichtig hinhocken, als sich der Leopard gezielt zu uns drehte und seine Ohren anlegte. Der Körper bekam Spannung und die Spitze seines lang herunterhängenden Schwanzes begann zu zucken. Damit nicht genug, kroch in diesem Moment eine Schlange an mir vorbei, die Steve überhaupt nicht bemerkte. Sie war aber ungefährlich, eine der vielen afrikanischen Nattern, auch afrikanische Hausschlange genannt. Ich kannte diese Art aus meiner langjährigen Erfahrung mit Schlangen, da ich in Berlin selbst Schlangen hatte. So konzentrierte ich mich lieber auf das, was wirklich gefährlich war. Und das saß da vorne und fauchte. Ich bewegte mich nur ungern, tat aber, was mir Steve eben gesagt hatte. Ganz langsam zog ich mich zurück. Der Leopard knurrte nun auch noch sehr eindringlich und hob seine Lefzen, während er den Kopf wandte. Ihm gefiel das überhaupt nicht, dass da zwei Menschen rumhockten und permanent in seine Richtung starrten. Ich machte mir fast in die Hosen, ließ mir aber nichts anmerken.

Steve war wieder hinter mich getreten.

»Komm, den lassen wir jetzt lieber in Ruhe!«, sagte er; was wir auch taten.

Unser gemeinsamer Rückwärtsgang verlief ohne jeden Zwischenfall. In keiner Sekunde ließen wir diesen edlen Kater aus den Augen. Wir setzten uns wieder ins Auto, beobachteten den Leoparden noch ein paar Minuten, sahen zu, wie er wieder in die alte Trägheit fiel, und machten uns langsam vom Acker.

Wenige Minuten später fauchte mich Steve an: »Wenn ich sage ›Stehen bleiben‹, dann bleibst du auch stehen, ist das klar?!«

Diese verbale Ohrfeige hatte ich wohl verdient. Ich entschuldigte mich bei ihm, ließ mir aber die Freude über mein Abenteuer nicht vergällen. In der darauf folgenden viertel Stunde war dann Funkstille zwischen uns.

Ich dachte noch den ganzen Tag darüber nach, was hätte alles passieren können, und verstand mein Handeln auch irgendwie selbst nicht. Steve hingegen war mir nicht lange böse, weil er, wie er sagte, alles im Griff hatte. Geschossen hätte er eh nur in die Luft. Das hätte zwar dazu geführt, dass er sich diesem Leoparden Wochen oder gar monatelang nicht hätte nähern können, hätte die Situation aber sofort bereinigt. Er hatte schon einige solche Situationen gehabt, wo er in die Luft schießen musste, um Löwen zu verjagen, die gerade zufällig seinen Weg kreuzten.

Spätestens da wurde mir bewusst, dass der Weiße, der in dieses Land kommt und viel Geld bezahlt, um dort seinen Urlaub zu verbringen, viel zu viel Unruhe bringt. Selbstkritisch äußerte ich mich Steve gegenüber, wie egoistisch ich doch sei, da ich ja nicht viel besser sei als all die anderen, die hierherkämen. Steve grinste und beruhigte mich, er sei ja auch einer von denen, die ständig da seien. Überhaupt müsse ich anders darüber denken. Ich müsse verstehen lernen, dass all die, die ihr Geld in dieses Land bringen, weniger Schaden anrichteten als Einheimische, die immer noch Leoparden, Löwen oder Elefanten jagten. Die Hälfte der gesamten Populationen wäre bereits nicht mehr am Leben, wenn das viele Geld von den vielen Touristen und besonders den Naturschützern nicht wäre. Außerdem hätten sich die Tiere in den vielen Generationen an den Menschen gewöhnt und können sehr gut zwischen Gut und Böse unterscheiden. Es dürften nur nicht noch mehr Touristen kommen, das wäre dann schon bedenklich.

Seine beruhigenden Worte gefielen mir, denn sie waren ehrlich. Er wisse genau, warum ich immer dichter an den Leoparden wollte, denn er sei ganz genauso, erzählte mir Steve später noch. Eine stille Freude durchströmte mich. Durch Steve veränderte sich meine Sicht auf die Dinge immer wieder aufs Neue. Unmerklich drang dieses Land in mich ein, ohne dass ich etwas dafür tat. Es ging mir einfach gut.

Mittlerweile hatten wir Sonnenuntergang und ich spürte, wie sich meine verbrannte Haut in der Abendfrische erholte. Steve zeigte mir eine Pflanze, die er sich auf die Haut rieb, um Moskitos fernzuhalten. Als ich ihn völlig vorwurfsvoll fragte, warum er mir diese Pflanze erst jetzt zeige, antwortete er, dass die Wenigsten seiner Gäste sich mit dieser Pflanze eingerieben hätten, nachdem er sie vorgeführt habe. Ich verstand und rupfte den halben Strauch leer.

»Ich merke schon«, sagte Steve, »du willst nicht wie die anderen sein«, und lachte.

Wir lachten über jeden erdenklichen Quatsch und waren schneller im Camp als gedacht. Als ich auf unserem Rückweg erzählte, dass ich bei der Leoparden-Party vorhin eine Schlange bei mir gehabt hatte, brachte ich Steves Stirn zum Runzeln, und ein tiefes Brummen begleitete seinen malerischen Gesichtsausdruck. Er fragte mich, ob ich die Schlange beschreiben könne, was ich dann auch tat.

»Vermutlich eine afrikanische Hausschlange«, bemerkte er kurz, womit ich mich einverstanden erklärte. Er zeigte mir, dass ich mich nicht geirrt hatte, womit dieses Thema dann auch erledigt war.

Es war wieder ein schöner Tag, ein schöner Sonnenuntergang und ein schönes Abenteuer, das ich erleben durfte.

Am Lagerfeuer gab es Warzenschwein, ein sehr zartes Fleisch. Im Anschluss gab es noch Sherry, den ich mehr und mehr zu meinem Lieblingsgetränk erklärte. Mit dem Glas in der Hand ließen wir den Tagesablauf noch etliche Male an uns vorbeiziehen, und Steve hörte nicht auf, mir seine ganz persönlichen Geschichten zu erzählen. Ging auch gar nicht, da ich immer und immer wieder nachhakte und ihn förmlich ausquetschte. Für mich war er der absolut interessanteste Mensch in meinem Leben geworden. Der abendliche Gang zum Zelt wurde noch bereichert, als wir mitten auf dem Weg einen Python entdeckten. Er war bestimmt fünf Meter lang und wahrscheinlich auf der Suche nach Beute. Ich sah dem Besuch der Schlange aber gelassen entgegen, denn ich passte so gar nicht in ihr Beuteschema. Darüber hinaus tat der Sherry sein Übriges, um mit der Tatsache, dass es dort Schlangen gab, locker umgehen zu können. Es war ein Tag, der eine Bereicherung der anderen folgen ließ. Ich fühlte Dankbarkeit.

KAPITEL 5

Löwenglut

Es bedeutet eigentlich nicht viel, wenn es auf uns herabregnet. Dort in Afrika hingegen ist es in vielen Regionen zuerst ein Segen und am Ende ein lästiges Nass. Wenn es denn mal regnet, kommt das Wasser entweder gar nicht richtig unten an oder verheerende Überflutungen gestalten die Landschaft. Wenn die Regenzeit einsetzt, ist dort alles anders als bei uns in Deutschland. Es sind keine Normalitäten zu erwarten, und jeden Tag muss man sich auf neue Umstände einstellen. Wir alle kennen die Bilder aus dem Fernseher, wenn uns die neuesten Meldungen über Naturkatastrophen in anderen Ländern erreichen. Wir sitzen dann meistens im Wohnzimmer im Trockenen und dösen regungslos in den Fernseher, der solche Ereignisse fast unwirklich erscheinen lässt. Ich hingegen konnte einige Tage erleben, was es bedeutet, tagelang keine trockenen Klamotten zu haben. Ich hatte aber auch das große Glück, mitzuerleben, wie unbeschreiblich schön die Landschaft wird, wenn die Sonne durchkommt und die Regenzeit für einige Tage unterbrochen wird.

In unserem Fall war bereits viel überflutet und es regnete oft zwei bis drei Tage lang durch. Wir hatten also die Möglichkeit, mit dem Wagen das nächste Camp zu erreichen oder abzubrechen. Es kam für mich nicht in Frage, an irgendeiner Stelle abzubrechen, ich wollte dieses Leben im Busch irgendwie nicht loslassen. Unsere Zelte waren nass, unsere Klamotten waren nass, es war kalt, und Steve war auch nicht so gut drauf. Was vor drei Tagen noch so lebendig gewesen war, lag nun in einer riesigen Pfütze. Unsere Laune ebenso. Selbst die Tiere, die wir sahen, ließen die Köpfe hängen, lagen entweder am Boden oder hockten unbeweglich in den Bäumen. Normalerweise sollten sich diese Geschöpfe doch alle freuen, denn sie hatten alle sehr lange auf Regen warten müssen. Stattdessen bot sich mir ein Bild der Traurigkeit. Ich beschloss, mich nicht auch darin zu verlieren, und fand selbst das viele Wasser mit seinen uferlosen Auswüchsen okay. Wir wollten an unserer Situation etwas ändern und beschlossen, mit dem *Landy*, unserem Landrover, zum nächsten Camp zu kommen. Einfacher gesagt als getan! Wir packten alles zusammen, verschlossen die Zelte, packten die halbe Küche inklusive Koch ein und fuhren los.

Der Boden war überwiegend aufgeweicht, sodass wir Mühe hatten, den Wagen durch das Gelände zu bekommen. Wo sonst ausgefahrene, trockene Staubpisten gewesen waren, boten sich uns nun gefüllte Wasserstraßen oder gar riesige Seen, die oft eine Tiefe von mehr als einem halben Meter hatten. Steve wusste das und kannte die Stellen, durch die wir problemlos fahren konnten. Wo zuvor die Tiere ihre Löcher gegraben hatten, um sich eine Suhle zu bauen oder sich einen Bau anzulegen, war nun alles völlig unter Wasser. Die Verhältnisse in der Natur hatten sich völlig verändert.

Auf einmal – Löwen! Sie waren ganz in unserer Nähe. Unser Koch und ›Mädchen für alles‹, den wir von einem unserer letzten Camps mitgenommen hatten, sein Name war *Bogani*, bemerkte sie als Erster. Nicht etwa, dass er sie sah, nein, er hatte sie gerochen. Gleichzeitig hörten wir einen Baboon brüllen. Die Bezeichnung ›Baboon‹ steht für den uns bekannten Pavian. Wir hielten kurz, um neue Spuren zu entdecken oder um zu lauschen. Immer und immer wieder sagte Bogani ›Leon, Leon‹ und riss jedes Mal kurz die Augen auf. Und da waren sie: Die Bestätigung für das Brüllen des Pavians und die gute Nase von Bogani waren nun auch für uns sehr gut zu hören. Unüberhörbar brüllte einer der Löwen, eine Stimme, die ich in meinem Leben nicht mehr vergessen werde. Nicht, weil das Brüllen so laut war, nein, das weniger, vielmehr die Gewalt, die in ihm steckte. Steve fuhr weiter genau in die Richtung, aus der wir sie hörten. Drei, vier Sträucher weiter lagen sie: unter einem Baum, der groß genug war, um alle sieben Löwen vor dem nun leichten, warmen Regen zu schützen, und faulenzten vor sich hin. Sie hatten zwei Junge, die aus der Mitte herausragten und uns beobachteten. Die anderen, darunter vier Halbwüchsige, taten so, als gäbe es uns gar nicht. Ich fragte Steve, ob es schon mal vorgekommen sei, dass Löwen in oder auf ein Auto gesprungen seien, um Menschen anzugreifen. Meine Frage wurde mit einem Blick des Entsetzens gewertet. Nein, ein Auto passe nicht in ihr Beuteprofil. Und da wir selbst zu diesem Zeitpunkt das Auto waren, hatten wir auch nichts zu befürchten. Sollte ich aber vorhaben, jetzt pinkeln gehen zu wollen, wäre das mein Todesurteil.

Wir standen maximal fünfzehn Meter von der Gruppe weg, und ich freute mich, meine ersten Löwen in direkter Nähe zu haben. Und wieder brüllte eine Löwin, offenbar die Chefin in dem Rudel. Steve fuhr langsam auf die

Löwengruppe zu, bis auf etwa zehn Meter, dann blieb er stehen.

Wenn man so nahe dran ist, kann man sehen, dass das Brüllen des Löwen sich langsam aufbaut: Erst ist es ein lautes Ausstoßen des Atems, dann wird zwei- oder dreimal richtig gebrüllt, bis der vierte oder fünfte Brüller in sich zusammenfällt und nur noch ein lautes Ausatmen, ähnlich wie das Hecheln bei Hunden, das halb geöffnete Maul verlässt. ›Unvorstellbar, wenn diese Urgewalt in Aktion tritt‹, dachte ich, und damit meinte ich den gesamten Löwen – ich war überwältigt. Das erste Mal wurde mir bewusst, wie ich in Zukunft die Entfernungen der Löwen einzuschätzen hatte, wenn ich sie brüllen hörte.

Die anderen Löwenmütter waren von all dem Gebrüll weniger beeindruckt. Sie leckten permanent ihre Jungen trocken und waren damit beschäftigt, sich wach zu halten. Wir blieben noch ewig stehen, erfreuten uns an den besonderen Liebenswürdigkeiten und studierten ihr Sozialverhalten innerhalb des Rudels.

Es war still geworden, sodass ich das fleißige Treiben über den Köpfen der Löwen erst bemerkte, als eines der Jungen permanent noch oben blickte. Es waren Webervögel, die es fast überall in Afrika gibt, die hektisch und aufgeregt ihre Arbeit an ihrem Bau verrichteten. Ich war wieder erstaunt, denn es regnete doch. Sie sangen, piepsten und waren nach Stunden immer noch außer sich, weil nun ausgerechnet unter ihrem Baum die Löwen sich ausbreiten mussten.

Nach mehr als einer Stunde starteten wir wieder den Motor, um zu unserem nächsten Camp zu fahren. Der Regen ließ nach, und wir schaukelten mit dem Wagen quer durch den Busch, ohne dass ich hätte sagen können, in welche Richtung es zurückging. Da es zuvor einige Male seitlich ins Auto hineingeregnet hatte, waren wir am Hintern so richtig aufgeweicht. Durch winzige Löcher in der Wolkendecke strahlte die Sonne, sodass sich in der Weite des Landes gebündelte Lichtstrahlen bis zur Erde erstreckten, um genau diesem Fleck etwas Leben einzuhauchen. Es sah aus, als wollten die Engel auf einer Rutsche vom Himmel auf die Erde gleiten. Bei guter Rundumsicht hatte man das Gefühl, als stünde man unter einer riesigen Glaskuppel, da die Wolken mit dem Horizont in der Ferne eine Verbindung eingingen. Und wieder brüllten die Löwen; wir hörten sie noch eine Ewigkeit. Sogar als wir im Camp ankamen, waren die gewaltigen Stimmen noch gut zu hören. Das war aber bedeutungslos für uns. Unser Problem waren die Paviane. Sie waren bereits vor uns im Camp und fühlten sich sichtlich wohl. Unser Ankommen löste mächtig Ärger aus: Alle schrien um die Wette, und ich sah die riesigen, spitzen Zähne aus ihrem Maul blitzen. Steve brüllte die Affen an. Ich war völlig von den Socken, denn es hörte sich genauso an wie das Geschrei der jüngeren Affen aus dieser Gruppe. Es hatte allerdings seine Wirkung auf die Paviane: Alles rannte davon. Sie hatten Gott sei Dank nichts zerstört, sodass wir gleich ausladen und aufbauen konnten. Als Erstes überprüfte Steve mein Zelt, um zu sehen, ob etwas kaputt war oder ob sich unter dem Teppich Skorpione versteckt hielten. Als er rauskam, sagte er zu mir, ich solle morgen früh nicht vergessen, mir die Stiefel auszuklopfen, bevor ich sie wieder anzog. Ich tat das eigentlich immer, jedenfalls so lange, wie ich in Afrika war. Offensichtlich wird dieses Camp nicht nur von

Touristen gerne besucht. Als Erstes wechselte ich meine nassen Klamotten und hängte sie auf.

Der Himmel riss völlig auf, Dunst stieg durch die Sonne empor und bereits nach einer Stunde drückte die Luftfeuchtigkeit unseren Blutdruck nach oben. Nach und nach verzogen sich die dunklen Wolken, bis die Wärme wieder ihre volle Kraft entfaltete. Die Paviane waren immer noch in der Gegend und kamen bedenklich nahe an unser Camp. Steve ging ihnen entgegen und schrie sie wieder an. Es war original der gleiche Ton, den die Affen benutzten. Er erklärte mir, dass der Schrei bei den Affen ein Fluchtverhalten auslöst, denn er ist ein Warnschrei der Jungaffen. Ich übte diesen Schrei auch, und zwar noch den ganzen Tag, bis ich bemerkte, dass alle Affen weit, weit weg waren. Es muss sie tierisch genervt haben. Wieder was gelernt, dachte ich. Wir trockneten alle unsere Klamotten in der Sonne, die schon langsam zu müffeln begannen. Alles war gleichmäßig im Camp verteilt, als wäre genau dort im Busch die Großwäscherei. Ich setzte mich auf einen der Holzklappstühle, genoss den irren Ausblick, lauschte den nun immer lauter werdenden Zebras, mit dem Gefühl endloser Sorglosigkeit. Das Einzige, was ich intensiv spürte, waren meine Sinne, die auf Hochempfang eingestellt waren. Nichts, aber auch gar nichts entging mir. Jedes Geräusch, jeder Laut und jede Duftspur wurde von mir aufgesogen, registriert und zugeordnet. Unweit von uns zogen Giraffen an unserem Camp vorbei. Einige, darunter auch Jungtiere, kamen direkt an unser Camp, ohne jede Scheu. Ich nahm mir das Tagebuch, in das ich schon seit Tagen nichts mehr geschrieben hatte. Stundenlang saß ich da, nur in Unterhose, und verfiel in eine mir bis dahin unbekannte

Bedeutungslosigkeit. Alles war so unwichtig, bis auf das *Sein*, das schlichte Dort-Sein. Die letzten beiden Tage mit Steve kamen mir wie Wochen vor und machten sich als Ewigkeit in mir breit. Nach einer mir endlos erscheinenden Zeit auf dem Stuhl wollte ich mich irgendwie beschäftigen. Meine Kameraausrüstung sollte das Nächste sein, worum ich mich kümmern wollte.

Als ich die Fotos meiner Kinder in der Kameratasche entdeckte, erschrak ich innerlich und dachte an meine Frau, für die ich zuvor einige Zeilen in das Tagebuch geschrieben hatte. Der Gedanke an meine Kinder schoss mir durch den Sinn, und ich spürte den Stolz, der in mir wieder hochkam. Ich hatte eigentlich jeden Tag an sie gedacht, aber nun tat es weh. Sie fehlten mir. Mannomann, dachte ich, wie sehr ich mich schon auf alle freute.

Ich war froh, als sich Steve mit Bogani zu mir setzten, denn meine Stimmung begann in Sehnsucht umzuschwappen. Es wurde zunehmend drückender und heißer. Wir taten an diesem Tag gar nichts mehr. Ich bestaunte lediglich die Giraffen mit dieser Ruhe, die sie ausstrahlten. Wir saßen nur so herum, tankten den leckeren Sherry, und Steve erzählte wieder aus seinem Leben, als auf einmal ein Leguan hinter einem Zelt aus dem Dickicht hervorkam. Er war mindestens zwei Meter lang, schritt langsam und gemächlich so circa zwei bis drei Meter an uns vorbei, tat so, als wären wir gar nicht da, und würdigte uns gerade mal eines Blickes. Ich selbst bemerkte ihn erst überhaupt nicht. Bogani umfasste meinen Unterarm und flüsterte immer ›Legan, Legan‹ und bedeutete mir mit einem Kopfnicken, dass links hinter mir etwas sei. Wir saßen alle still da und erfreuten uns an dem Anblick des grün-gräulich schimmernden Leguans. Auch er war ganz nass und schimmerte in der Sonne wie eine mit Pailletten besetzte Riesenechse. Hin und wieder blitzte der hellblaue Streifen auf seiner Bauchseite wie ein türkisfarbenes Schmuckband auf. Als ich meine Kamera nahm, die auf einem Stein vor mir lag, bewegte sich der Leguan sehr viel schneller vorwärts und verschwand, wie er gekommen war, lautlos im hohen Gras.

Ich hatte meine Fotos gemacht und Steve war entsetzt. Nicht etwa, weil es ein Leguan gewesen war, nein, deswegen nicht. Es hätte einer von den Löwen sein können, die wir auf der Herfahrt gesehen hatten, und das machte ihn sehr nachdenklich. Bogani begriff zwar Steves Aufregung, winkte aber mit einer typischen Handbewegung ab. Er sagte mir, dass die Tiere, besonders die Vögel, uns alle erdenklichen Signale gegeben hätten, wenn sich Löwen genähert hätten. Damit war es auch mit meiner Sorglosigkeit vorbei, und ich entschloss mich, ein kleines Nickerchen zu machen. Bevor ich mich jedoch hinlegen konnte, sah ich unter meinem Rucksack nur so aus dem Winkel, dass ein Skorpion gerade dabei war, sich zu verstecken. Ich hob den Rucksack an und erfreute mich an meinem ersten Wildfang. Als ich den kleinen Eindringling hinter meinem Zelt aussetzte, sah ich noch, wie sich Steve aufs Ohr legte, was ich wohlwollend zur Kenntnis nahm, denn offensichtlich fehlte ihm der Schlaf ebenso wie mir. Die Tierwelt um uns herum wurde immer lebendiger und lauter, wovon ich später auch wach wurde.

Ich schlief nicht sehr lange, nur so eine halbe Stunde, aber das tat mir gut. Das Erlebnis mit dem Skorpion war mir noch sehr im Gedächtnis haften geblieben, was mich dazu anhielt, genauer meine Klamotten zu durchsuchen.

Aber nichts war. Die Paviane, die wir anfangs verjagt hatten, hörten wir in einer Buschinsel laut schreien, die nicht weit von uns entfernt war. Wir krabbelten aus unseren Zelten, räumten auf, legten unsere getrockneten Sachen zusammen, bis alles wieder seine Ordnung hatte. So plätscherte der Tag bis zur Dämmerung an uns vorbei, als die Paviane wieder mehrfach ihren Warnschrei ausstießen. Ich zog mir schnell was an, um zu sehen, warum sie so aufgebracht waren. Es war also gut, wenn diese Affenbande in der Nähe war, um bei drohender Gefahr gewarnt zu werden.

Ich war erstaunt, wie schnell ich auf den Warnschrei reagiert hatte. Beide standen wir zeitgleich vor unseren Zelten und knöpften uns die Hemden zu. Steve fragte mich, ob ich wüsste, wo sein Fernglas sei. Ich wusste es nicht und bot ihm meines an, da es noch in einem der Klappstühle lag, wo ich es hatte liegen lassen. Zuerst sah Steve in die Baumgruppe, in der immer noch die Paviane herumtobten. Er konnte genau sehen, wo alle Affen hinsahen. Sie saßen auch alle sehr weit oben in den Bäumen und waren ganz aufgeregt. Auch die Giraffen blickten in diese Richtung, fraßen aber genüsslich weiter an den überall herumstehenden Akaziensträuchern.

Steve sagte: »Das ist wahrscheinlich nur der Leguan, der vorhin bei uns im Camp war.«

Meine Stirn zog sich zusammen, und ich dachte nur: ›Von wegen nur der Leguan, das wäre eher eine leckere Beute für die Paviane, die hin und wieder auch Echsen und kleinere Leguane fressen.‹ Und da unser perlenbesetzter Bursche, den wir zuvor im Camp hatten, wohl etwas zu groß war, um als Zwischenmahlzeit dienen zu können, so war bestimmt nicht er der Grund der Aufregung. Die Anspannung war bei allen zu spüren. Wir hatten zwar eine tolle, weite Sicht, aber das Gras war an manchen Stellen gut und gerne zwei Meter hoch. Da einen Löwen oder Leoparden zu entdecken ist ein Unding.

»Es ist nichts zu sehen«, sagte Steve, und wir wechselten das Glas.

Es ließ ihm natürlich keine Ruhe, dass die Paviane sich nicht beruhigten. Wir machten uns fertig und fuhren los, nur mit dem Gewehr auf der Halterung hinter dem Lenkrad, in die Richtung, von wo die abendliche Unruhe herkam. Bogani kam ebenfalls mit und setzte sich direkt vorne auf die Motorhaube, wo der Fängersitz befestigt war.

Bereits nach wenigen hundert Metern hörten wir sie. Es waren *doch* die Löwen! Im Abendnebel stieg an einer Stelle mitten im hohen Gras Staub auf, sodass wir genau wussten, wo sie waren. Sie knurrten und fauchten sich an, als würden sie miteinander kämpfen. Steve blieb stehen und sah durchs Fernglas.

»Oh, it's great«, sagte er und fuhr in die Richtung der Löwen. »Just känn du wos Schones erleben. Ober denke doran, make kein snelle Bewägungan, und behalte dik absolutly ruhig!«, sagte er und grinste.

Es folgte ein grandioser Anblick, dem man sich nicht entziehen konnte. Ich war tierisch nervös. Ängste durchschlugen mein Herz, und mir war klar, wie unbedeutend dort ein Leben ist. Ein Mensch ist in dieser Wildnis ein Nichts! Nur Beute, wenn er nicht hundertprozentig auf der Hut ist. Kurz zuvor hatten die Löwen ein Zebra gerissen und stritten sich um die Beute. Mit angelegten Ohren, seitlich geneigten Köpfen und permanentem Fauchen und

Brüllen regierte der pure Fresswahn. Ich konnte an nichts mehr denken, ich war gefesselt und absolut regungslos. Doch, an eines dachte ich sehr wohl: Wer dort den Fuß vors Auto setzt, würde in Sekundenschnelle angegriffen und getötet werden, da war ich mir absolut sicher. Selbst das dichte Heranfahren mit dem Wagen ist auf keinen Fall zum Nachahmen geeignet. Wir waren kaum maximal acht Meter von der fressbesessenen Meute entfernt. Meine Anspannung war kaum noch zu toppen. Als Steve mich in diesem Moment ansprach, bekam ich kaum einen Ton heraus. Man wisse nie, wie sich Löwen in einer solchen Situation verhalten, wenn sie sich gestört fühlen oder wenn man sich ihnen zu dicht nähert, erklärte mir Steve. Na, toll, dachte ich. Mir wurde ganz flau. Steve fing an, mich über Löwen in dieser Situation aufzuklären. Er schien es wohl irgendwie für wichtig zu halten. Dieses ganze Szenario entspannte sich wieder, nachdem alle etwas satter waren. Immer und immer wieder schossen mir Bilder vom Sprung eines Löwen auf oder ins Auto durch den Sinn. Wenn Angst spürbar war, dann konnte jeder dort meine ganz bestimmt spüren. Doch allmählich wich meine Anspannung. Wir unterhielten uns zunehmend lockerer und verbrachten die Zeit bis zum Sonnenuntergang bei den Löwen. Das war, nach der Geburt meiner Kinder, mein größtes Erlebnis, dachte ich, als Steve genau in diesem Moment in seiner typischen Art und Weise leise zu mir sagte: »Warte nur, wenn wir im Freien auf unsere ersten Löwen treffen.«

Ich sah zu ihm herüber, schluckte einmal kräftig und blickte in sein Gesicht, welches keine Regung zeigte. Der meinte das ernst! Ich glaube, in dieser Sekunde wurde ich grün im Gesicht. Wie naiv von mir! Na, logisch, dass wir irgendwann einmal auch zu Fuß auf Löwen treffen würden. Aber in der jetzigen Situation würde es mir im Traum nicht einfallen, einen Fuß in die Landschaft zu setzen, auch wenn gleich meine zuvor aufgebaute Angst sich merklich aufgelöst hatte.

Steve schien meine Gedanken zu erahnen oder zu spüren. Er kommentierte seine Aussage mit dem Hinweis, dass es etwas anderes sei, ihnen am Tage zu begegnen, als in der Dämmerung auf der Jagd. Im Regelfall liefen sie sogar weg, weil sie über ein Jahrhundert lang schlechte Erfahrungen gesammelt hätten und diese Erfahrung an die folgenden Generationen weitergäben. Und außerdem habe er ja noch das Gewehr, wie er beruhigend betonte. Ein Warnschuss in die Luft, und man sehe Löwen erst wieder in einigen Tagen.

Diese Hinweise waren zwar verständlich, hörten sich auch nett an, wirkten aber bei mir an diesem Abend überhaupt nicht. Steve wurde es dann doch zu dunkel, obwohl sich die meisten der Löwen völlig satt und entspannt die Pfoten leckten. Alles war nun so friedlich, als warteten diese netten Kätzchen nur noch darauf, ein wenig gekrault zu werden. Was ich dann auch tat. Nein, natürlich nicht!

Wir fuhren ins Camp, wo uns Bogani mit dem Abendessen empfing. Der Himmel über uns zog sich wieder dicht zusammen und ließ nichts Gutes erahnen. An diesem Abend wurden wir von Bogani besonders verwöhnt. Der große Tisch war sogar mit einer weißen Tischdecke und Kerzen gedeckt. Es gab Strauß; übrigens auch eine ganz leckere Sache. Die weißen und gelben Bohnen, die es dazu gab, waren so groß wie Walnüsse, in viel Öl, mit vielen Kräutern und einigen süßen Früchten gebraten. Ich erleb-

te wieder einmal ein geschmacklich-erotisches Essvergnü-
gen, das mir im wahrsten Sinne die Sprache verschlug. Es
war scharf, aber nicht unangenehm. Ich war erstaunt, was
uns Bogani an diesem Abend gezaubert hatte. Wir saßen
mitten im Busch und wurden bedient wie im Hilton. Gerade die Mischung war es wohl, die es wie Zauberei erscheinen ließ. Selbstverständlich holten wir Bogani auch an den
Tisch, obwohl mich Steve bat, damit keine Werbung zu
machen, denn es sei den Angestellten untersagt, sich mit
den Gästen an einen Tisch zu setzen. Nur das leitende Per-
sonal dürfe das. Ich wollte nicht darüber nachdenken, wie
viel Sinn das Ganze da draußen in der Natur weit ab von
jeder Zivilisation machte. Ich hatte auch, ehrlich gesagt,
überhaupt kein Verständnis dafür. Wir leben doch nicht in
der Steinzeit. Ich bedankte mich bei Bogani für dieses tolle
Abendessen, als wären wir bei ihm zu Gast.

Bogani arbeite schon seit einigen Jahren mit Steve zusammen. Steve erzählte mir, dass er ihn als kleinen Jungen
auf einer Farm eines College-Freundes aus Sambia kennen gelernt hatte. Die Farm wurde damals verkauft, da die
Farmbesitzer an Malaria gestorben waren. Auch Boganis
Eltern starben, vor seinem vierten Lebensjahr, jedoch an
AIDS. Steve hatte damals seinem Freund vor dem Tod
versprochen, sich um alles zu kümmern, auch um die Kinder, die damals auf der Farm lebten, weil sein Freund keine
Verwandten mehr hatte, die sich um den Nachlass hätten
kümmern können. Vom Erlös der Farm, die wieder in die
Hände der Regierung fiel, konnte die Versorgung aller Kinder realisiert werden. Steve sorgte dafür, dass alle Farmkin-
der damals auf eine Schule in Gaborone zum Studieren
geschickt wurden. Bogani schloss seine Mittelschule ab

und traf Steve einige Jahre später bei einem Vorstellungs-
gespräch in Maun. Steve suchte einen KFZ-Mechaniker
und traf Bogani, dem er den Job dann vermittelte. Doch
als Mechaniker war Bogani nicht wirklich geeignet. Seither
kocht Bogani für Steve und für seine Gäste, die mit Steve
reisen. Steve betonte, dass Bogani auch einen richtigen Ar-
beitsvertrag habe, dass er richtig versichert sei und selbst
für Boganis Rente schon gesorgt sei. Das sind Privilegien,
die nicht viele Afrikaner besitzen.

Ich glaube, Steve war in dieser Gegend sehr beliebt,
denn ich konnte später immer wieder erleben, wie sehr
sich die Einheimischen über Steve freuten, wenn wir unterwegs mal welche trafen.

Ich saß nur noch da, starrte ins Feuer und genoss wieder das Knacken und Knistern des Feuers. Dass es leicht
zu regnen begann und so langsam die Kälte in uns hoch-
stieg, störte nicht im Geringsten. Sunset.

Die Wärme am nächsten Morgen im Zelt war erdrückend,
sodass ich hinter dem Zelt erst einmal eine Dusche nehmen musste. Beim Duschen in den Busch zu schauen und
die Tierwelt Afrikas zu beobachten, war schon lebendig
genug. Als ich jedoch an der Leine des Kessels zog, in dem
das kalte Wasser war, kam es mir vor, als hätte ich gerade
einen Aufguss in der Sauna hinter mir. Der Tag begann
also mit Wechselbädern, und so sollte er auch bleiben.
Ich verfiel ins Träumen, als ich die vielen Schmetterlinge
in der sich neben mir bildenden Pfütze beobachtete. Innerhalb von wenigen Minuten waren da hunderte dieser
gelben und orangefarbenen kleinen Schönheiten. Ein per-
manentes Öffnen und Schließen ihrer Flügelchen ließ die

Pfütze wie eine schwebende gelbe Wolke erscheinen. Die gelbliche Reflektion im Wasser tat ihren Rest dazu, eine einzigartige Lebendigkeit zu erzeugen. Ich holte schnell eine Kamera und versuchte dieses Schauspiel tanzender Elfen einzufangen. Vereinzelte andersfarbige Schmetterlinge ließen sich noch nieder, sodass von Weitem ein Bild farbenprächtiger Lava entstand. Meine Gedanken waren auf einmal bei meinen Kindern, die für mich oft wie Elfen waren. Dabei merkte ich nicht einmal, dass ich noch völlig nass, ohne Kleidung, nur mit einem Handtuch um den Hals gewickelt da am Busch hockte, um Fotos zu machen. Ich fotografierte ohne jede Hast, stand noch ewig so herum, bis ich schließlich bemerkte, wie viele Zuschauer ich doch hatte. Für die Affen, die mich beobachteten, war ich bestimmt ein merkwürdiger Anblick, ohne Fell und mit einem Hintern, der so weiß war wie mein Handtuch. Das Gezeter und Gequietsche kam mir nun wie albernes Gelächter vor. Eine traumhafte Welt, dachte ich, die hoffentlich noch lange bleibt.

Steve war bereits vor dem Frühstück unterwegs gewesen und erzählte mir, dass die Löwen bereits weitergezogen seien. Nach dem Frühstück machten wir uns auf die Socken und erwarteten Bogani am nächsten Camp.

Bei dieser Hitze zu laufen war beschwerlich. So gegen 12:00 Uhr hatten wir bereits 32 °C Hitze, und die Luft war zum Schneiden. Ich hatte echt mit mir zu kämpfen, denn dieser Temperaturanstieg war schon heftig. Gestern Abend noch kühl mit Regen und heute über 30 Grad. Steve machte das nichts aus. Ganz im Gegenteil, er fühlte sich so richtig wohl. Hin und wieder gab er mir sein Gewehr oder das Funkgerät. Nicht weil er keine Kraft mehr gehabt hätte; ich glaube, er wollte mir damit zeigen, dass er allmählich Vertrauen zu mir hatte.

Am Abend zuvor hatte er mir beim Überprüfen seiner Waffe gezeigt, wie sie sich anfühlte und wie sie zu handhaben war. Auch das Funkgerät erklärte er mir. Er sagte mir, sollte ihm unterwegs etwas passieren, so müsse ich ja alleine weiter, denn überall gebe es giftige Schlangen, die man schnell übersehen könne. Ich sollte lediglich dafür sorgen, dass ich ihn in einen Busch ziehe oder unter einen Baum, damit er nicht so prall in der Sonne liegen müsse, bis die Löwen kämen. Natürlich war jede Menge Ironie dabei, aber ausgeschlossen ist dort in der Wildnis nichts. Ein Gedanke, den ich nicht sehr spaßig fand.

Wir blieben also immer dicht zusammen, beobachteten die Landschaft, lauerten auf Gefahren und waren angespannt bis in die Haarspitzen. Unser Marsch gestaltete sich jedoch harmlos. Nichts, worüber man berichten könnte. Alles war nur schön. Auch der Abend verlief wie der Abend zuvor, mit dem Unterschied, dass wir unser Abendessen direkt am Feuer aßen.

Der folgende Tag war wieder so heiß. Am Vortag hatten wir fast 40 °C gehabt, was an diesem Tag nicht viel anders sein sollte. Wir zogen wieder los, mitten durch große Zebra- und Gnuherden, an Flüssen vorbei, wo uns freundlich die Flusspferde begrüßten – bis Steve stehen blieb. Er nahm das Fernglas und sah in eine Baumgruppe, wo unser nächstes Camp sein sollte. Oben im Baum, keine hundert Meter vom Camp weg, sah er sie: LÖWEN! Mir wurde ganz anders. Ich bekam echt Angst! Ich fragte mich: ›Was mache ich hier eigentlich, warum bin ich nicht bei meiner Familie?‹ Tausend Fragen gingen mir durch den

Kopf, bis ich bemerkte, dass Steve völlig cool blieb. Wir mussten genau in diese Richtung, um zu unserem Camp zu kommen. Er nahm das Funkgerät und versuchte Bogani zu erreichen, was auch gelang. Ich bekam das Fernglas und schaute hindurch. In der ersten Astgabel auf einem dicken Ast saß der Löwenrudelführer, einige Meter dahinter seine Gefährtin, denn da oben war es schattig und ein wenig windig, außerdem hatten sie dort eine super Aussicht. Sie hätten uns schon längst gesehen, meinte Steve, da sie uns schon längst fixierten. Sie seien aber satt, sagte er noch. Wenn sie Lust aufs Jagen gehabt hätten, hätten wir sie sowieso nicht zu Gesicht bekommen. Sie hatten alle dicke, fette Bäuche und waren damit zu kaum einer Bewegung fähig. Andere Löwen, die uns gefährlich hätten werden können, waren aber nicht zu sehen. Ich machte ein paar Fotos, um der Nachwelt wenigstens etwas Schönes zu hinterlassen.

»Wie viele sind das genau?«, fragte ich.

Steve schüttelte den Kopf und sagte: »Die anderen liegen unter dem Baum im hohen Gras, deswegen können wir sie nicht sehen.«

Wir verharrten dort bestimmt zwei Stunden, bis endlich Bewegung ins Spiel kam. Steve war ununterbrochen mit Bogani in Kontakt, um ganz sicher zu gehen, dass ihm nichts entging. Mir lief der Schweiß nur so herunter. Steve bemerkte, dass die Löwen sich von ihrem Wohlfühlplätzchen erhoben. Ich konnte durch mein Teleobjektiv sehen, wie sie sich streckten und noch ein paarmal gähnten, bevor sie sich entschlossen, den Baum zu verlassen. Die Löwen hatten die Kommunikation über Funk bestimmt mitbekommen, denn Steve redete in voller Lautstärke. Sichtlich fühlten sie sich genervt, denn im Fernglas konnten wir ihre Aufmerksamkeit sehen. Und es war nur eine Frage der Zeit, bis sie sich von ihrem derzeitigen Platz erheben würden. Dennoch dauerte es ewig, bis sie so ganz behäbig in aller Ruhe in die Gänge kamen. Die Spannung war für mich fast unerträglich.

Steve sagte mir, ich solle nun ganz dicht bei ihm bleiben, lud sein Gewehr durch und ging einfach los. Ich befand mich nervlich kurz vor einem Fieber, hatte überhaupt keine Zeit, noch mehr Angst zu bekommen. Es ging auch gar nicht mehr, denn wir schritten zügig aus, genau den Löwen entgegen. Steve sprach ganz laut mit mir, damit die Löwen uns mit Sicherheit hörten, denn das war eine der Möglichkeiten, sie in Bewegung zu bringen. Steve sagte, er hoffe, dass sie dann wegliefen. Je näher wir kamen, umso mehr Löwen sahen wir. Und das war gut so, denn wenn wir sie nicht mehr sähen, sagte Steve, würden sie sich verteilen, und das wäre dann nicht mehr so gut.

Auch diese Bemerkung bewegte einiges in mir. Ich wusste überhaupt nicht mit meiner Situation umzugehen. Die brutalsten Angriffsszenen spielten sich in meinem Kopf ab. Was hatte ich nicht alles im Fernseher gesehen? Ich kannte also das Vorgehen der Löwen während eines Angriffs. Ich musste mich dringend beruhigen und begann, mich permanent umzuschauen und auf Steve einzuquatschen. Ich entdeckte auf einmal lauter interessante Dinge, die sich um mich herum abspielten. Eine Termitenstraße, kleinere und größere Echsen, Vögel in allen Farben und Variationen, Schmetterlinge, die ich sonst auch sah, aber nun in ihrer Unscheinbarkeit so unsagbar schön waren. Steve war weiterhin ständig dabei, sich mit Bogani über

Funk zu verständigen. Wir hörten, wie Bogani vom Camp aus mit dem Landrover aus etwa ein Uhr entgegenkam. Er klopfte dabei ständig auf einen Topf oder auf eine Schüssel und machte Lärm, als würde er eine Treibjagd führen. Leider kamen dadurch die Löwen uns von elf Uhr immer näher, wichen aber durch den Krach, den Bogani gemacht hatte, auf neun Uhr aus. Die Löwen selbst fühlten sich jetzt getrieben und liefen zügig durchs hohe Gras. Wir konnten sie fast alle gut sehen. Nur eine Löwin blieb immer wieder zurück, um sich umzublicken. Eine etwas freiere und offene Stelle mit einem alten, verwitterten Termitenhügel mitten im Gelände bot sich an, eine bessere Aussicht über die ganze Lage zu bekommen, von wo aus wir sahen, wie zwei kleine Löwenjunge ihrer Mutter folgten.

Es wäre ein drolliger Anblick gewesen, wie sich die Kleinen bemühten, den Anschluss an das Rudel nicht zu verlieren, wenn da nicht die Angst in mir getobt hätte. Unmöglich, dachte ich und konnte es kaum glauben, was ich da gerade erlebte. Meine Gedanken und Gefühle rasten schneller, als ich jemals Auto fahren werde. Ich war gedanklich immer bei meinen Kindern, denen ich solche Ängste gern ersparen wollte, aber ich wünschte mir zugleich, dass auch sie so etwas erleben könnten …

Und auf einmal verlor ich meine Angst. Ich sah, wie die Löwen reagierten, wie sie sich uns gegenüber verhielten und dass durch Erfahrung und innere Ruhe die Bedrohung gar nicht mehr so groß war. Die Gedanken an meine Kinder machten mir Mut, und ich tat innerlich so, als müsste ich sie vor dieser Gefahr beschützen, denn sie waren doch bei mir. Die Gedanken an meine Frau waren nicht so rosig. Sie hätte eine Woche lang nicht mit mir gesprochen, wenn sie mit den Kindern so etwas erleben müsste. Was heißt eine Woche? Ein ganzes Jahr!

Wir benötigten nun kein Fernglas mehr. Das Rudel lief nicht einmal dreißig Meter von uns entfernt an uns vorbei. Wir konnten sehen, wie sehr die Löwen von dem Geklapper aus dem immer näher kommenden Wagen genervt waren.

Nie im Traum hätte ich mir eine solche Situation ausmalen oder ausdenken können. Alles in mir brodelte. Meine Freude, meine Furcht, meine Aufregung, die Hitze, alles in mir trieb sich gegenseitig zu einem tornadoartigen inneren Sturm. Mein Puls war auf vierhundertsiebzig, mindestens!

Ich konnte meinen Blick nicht von den Löwen lassen. Das Rudel war nun ziemlich weit auseinandergezogen, die einjährigen Löwen vorneweg, der King mit weiblicher Begleitung in der Mitte und die Mami mit den Kids sehr weit hinten. Steve sprach ständig mit Bogani und mit mir. Er versuchte mir zu erklären, dass die Löwen uns sahen und beobachteten, ihnen aber das Gepolter von Bogani mit dem Wagen keine Möglichkeit der Ruhe ließ, geschweige denn, an einen konstruktiven Angriff zu denken. Ich brauchte mir also keine Sorgen zu machen, da er schon oft, fast regelmäßig, diese Situation gehabt hatte. Außerdem hätten sie noch übervolle Bäuche. Alles war ja so *harmlos.* Wenn man Steve so reden hörte. Er war absolut cool. Ich hörte nur die Hälfte von dem, was er sagte, da ich damit beschäftigt war, keine der Großkatzen aus den Augen zu lassen. Ihre Mäuler standen offen, sodass wir ihr Hecheln fast hören konnten. Unglaublich! Ihre dicken Bäuche hingen so tief durch, dass es ein Wunder war, dass sie sich überhaupt bewegen konnten. Und das war unser

Glück. Sie mussten sich schon arg bemühen, den etwas schnelleren Schritt beizubehalten. Als ich das sah, wurde ich wirklich ruhiger.

Bogani fuhr nun in einem sehr schnellen Tempo auf uns zu und war heilfroh, als er uns einsammeln konnte. Er sah allerdings nicht besonders glücklich aus, denn er musste mit ansehen, wie die Löwen bedenklich nahe in unsere Richtung liefen. Er fühlte sich irgendwie schlecht; offensichtlich hatte er etwas anderes gelernt, um solche Situationen zu entschärfen. Steve hatte über Funk auch andere Order gegeben. Doch nun beruhigte Steve ihn und sich selbst, erzählte mir wiederholt, dass er schon oft in solchen oder ähnlichen Situationen mit Löwen zu tun gehabt hätte. Bisher sei es nie zu irgendwelchen Zwischenfällen gekommen, die bedrohlich geworden wären, sagte er.

Wir stiegen in den Wagen, sahen dem Löwenrudel noch nach, bis wir uns in Richtung Camp aufmachten.

Im Camp angekommen sicherte Steve sein Gewehr, stellte es in Reichweite und ließ sich einen doppelten Whisky bringen. Er schien äußerlich gelassen, ich aber spürte, dass sich in ihm etwas zusammenbraute. Ich gönnte mir einen Sherry und ließ mich in den Klappstuhl fallen wie ein angeschlagener Boxer, der nie wieder aus seiner Ringecke aufstehen will. Den ganzen Abend erzählte mir Steve Geschichten, die er schon erlebt hatte.

Kurz vor dem Abendessen hörte ich aus meinem Zelt, wie Steve unseren Bogani zusammenfaltete. Es waren nur zwei oder drei Sätze, laut und deutlich, in afrikanischer Sprache, sodass ich nichts verstand. Mir war das auch egal, denn Steve wird seine Gründe gehabt haben. Es ging wohl darum, dass Bogani etwas anderes getan hatte, als Steve angeordnet hatte.

Am Abend sahen wir Bogani dann nicht mehr, er kam auch nicht zum Essen, was mich dann doch bedrückte. Es wurde auch nicht mehr viel gesprochen. Die Stimmung war nicht besonders gut, sodass ich früh zum Zelt ging, um meine Abenteuer in mein Tagebuch zu schreiben. Vom Zelt aus sah ich kurz vor Sonnenuntergang, wie zwei Geparde eine Antilope rissen. Es passte geradezu in die Tageserlebnisse, die mich immer zufriedener und stolzer werden ließen, nachdem ich in mich hineingehorcht und wieder festgestellt hatte, wie vollkommen dort alles war.

Wenn ich die Jagd der beiden Geparden in den ersten Tagen erlebt hätte, die nicht einmal fünfzig Meter von meinem Zelt entfernt stattfand, wäre ich wahrscheinlich ausgeflippt vor Begeisterung. An diesem Abend jedoch kam mir die Szene vor wie vor dem Fernseher im Wohnzimmer. Nur dass der Fernseher sehr viel größer war und mich die Moskitos wieder stachen. Erst beim Schreiben wurde mir dann klar, was ich an diesem Tag erlebt hatte. Ich war dankbar, diesen Tag so glimpflich überstanden zu haben.

Ich sah herüber zum Feuer, das noch lange brannte, und beobachtete Bogani, wie er die Kaffeekannen für morgen früh vorbereitete.

Ich setzte mich noch eine Weile ans Feuer und genoss den Sonnenuntergang mit seiner unbeschreiblichen, grenzenlosen Weite. Ich sah in diese einmalige Welt, beobachtete noch die Vögel über mir im Baum und spielte mich in einen der vielen Hollywood-Filme, die in Afrika schon so oft gedreht wurden. Ich hörte sogar die Film-Musik im Kopf und spürte, wie ich immer müder wurde.

In der Nacht, als alle zur Ruhe kamen, hörte ich in der Ferne die Zebras rufen. In das Geschrei der Zebras mischte sich das Gekicher der Hyänen. Alles war Afrika. Im Zelt fast eingeschlafen, fiel mir noch spontan ein, dass ich vergessen hatte, meine Waschschüssel auszukippen, die noch auf dem Zeltpodest keine zwei Meter von meinem Zelteingang stand. Es war mir aber völlig wurst.

Mitten in der Nacht: Ich hörte etwas! Innerhalb von Sekunden war ich hellwach. Ein intensives Schnüffeln, hemmungsloses Schmatzen und hin und wieder undefinierbare tierische Laute. Die Schüssel, sie wurde bewegt, aber von wem? Da rauszugehen wäre mir im Traum nicht eingefallen. Erstens war mir die Schüssel nicht wirklich wichtig und zweitens hatte ich genug Abenteuer.

Als gäbe es kein Wasser mitten in der Regenzeit, um seinen Durst zu löschen, war wohl die Schüssel offenbar zu reizvoll, um an ihr vorbeizugehen. Warum sollte ich auch mal eine Nacht richtig durchschlafen? Es wäre ja zu schön gewesen. Erst hörte ich nur ein ›schlllpp, schlllpp, schlllpp‹. Was sollte ich tun? Sollte ich aufstehen? Oder einfach nur brüllen? War ich denn der Einzige, der das hörte? Nichts tat sich! Wieder starrte ich gegen die Zeltdecke, mit Herzrasen in der Brust und dem Angstgefühl vom Vortag, als uns die Löwen entgegenkamen. Ich bemühte mich um innere Haltung, da ich begriff, dass da draußen Hyänen waren und ich genau wusste, dass sie immer wegliefen, wenn ihnen der Mensch zu nahe kam. Ich nahm also all meinen Mut zusammen, machte Licht, stand laut sprechend auf und konnte Sekunden später hören, wie sie wegliefen. Sie bekamen wohl einen richtigen Schreck, denn sie polterten mit meiner Schüssel davon und liefen in alle Richtungen in die Dunkelheit. Als ich den Reißverschluss meines Zeltes ganz aufgezogen hatte, waren bereits alle weg. Das Einzige, was von den kichernden Raubtieren übrig war, war der faulige Gestank verwesten Kadavers. Als hätte ich nicht am Vormittag genug erleben dürfen, bescherten mir diese netten Vierbeiner auch noch abends jede Menge Spaß. Ich nahm meine Taschenlampe, die ich zuvor auf meinem Nachttisch zielgerichtet auf die Zelttür postiert hatte, sprang wieder zufrieden in mein Zeltbett zurück und freute mich über meine soeben erbrachte Heldentat. Fast lautlos war es.

Ob das richtig war, was ich da tat, weiß ich bis heute nicht. Einfach so rauszustürzen, in der Hoffnung, dass sie auch wegliefen, wenn ich die Tanzfläche betrat? Egal! Bevor ich einschlief, dachte ich noch: ›Als Allererstes suche ich morgen früh meine Schüssel.‹

Am nächsten Morgen, beim Schüssel-Suchen, kam Steve auf mich zu und fragte mich auf Deutsch: »Was war los in die Nagt?«

Ich sagte, dass einige Löwen in meinem Zelt waren, und er starrte mich an, bis er mein Grinsen im Gesicht sah.

»Nein, nein, ich habe nur Hyänen von meinem Zelt vertrieben«, gab ich noch zum Besten, woraufhin sich Steve auf den Weg machte, um mein Zelt lief und mir später bestätigte, dass es wirklich Hyänen waren. Es war wohl wirklich nichts Besonderes, Hyänen in der Nacht zu vertreiben, denn er verlor kein weiteres Wort, als er wieder zurückkam. Bogani kam uns mit einem heißen Becher Kaffee entgegen, während im Hintergrund ein neuer Tag anbrach. Wir wollten die nächsten Tage dort im Camp bleiben, weil wir von dort aus einige kleine Touren mit dem Wagen machen wollten. Ich glaube, Steve war es im Wagen etwas sicherer als zu Fuß ohne die Sicherheit von Stahl und Blech.

In den nächsten Tagen stabilisierte sich mein Selbstbewusstsein, nachdem mich Steve immer öfter fahren ließ. In diesen Tagen sahen wir große Pythons, tausende verschiedener, seltener Vogelarten, die ich noch nie, auch nicht im Fernseher jemals gesehen hatte, und erfreuten uns an den spektakulären Jagden einiger Geparde, die wir immer öfter trafen. Alles in mir fühlte sich sicher und wohl. Die afrikanische Wildnis wurde immer mehr zur Selbstverständlichkeit. Ich löste mich in diesem Land völlig auf. Meine Versuche, mit den Tieren zu kommunizieren, gelangen mir immer besser. Das Nachahmen verschiedener Tierstimmen und das Spurenlesen erfreute Steve zunehmend, da er merkte, wie viel ich gelernt hatte und geradezu alles aufsog, wenn es um die Natur ging. Einmal sagte er, dass ich doch als Feldguide anfangen könne, wenn ich so weitermachte. Ich stimmte dem zu, und wir lachten über jeden Mist. Alles bekam eine gewisse Lockerheit.

Die folgenden Nächte mit dem Gebrüll der Löwen klangen mir immer vertrauter. Das Vorbeiziehen einiger Elefantengruppen war wie ein Besuch zufällig vorbeikommender Familienangehöriger.

›Ich möchte nie wieder weg‹, war täglich mein immer wiederkehrender Gedanke. Es wurde mir immer deutlicher, warum ich diese Reise so geplant hatte. Ich wollte Abenteuer erleben, meine Freiheit und die endlose Natur genießen, täglich Tiere um mich herum haben und – und ich hatte alles bekommen. Dass ich jemals mein Inneres nach außen krempeln würde, dass ich Gefühlswelten an mir kennenlernen würde, die es vorher scheinbar nicht gegeben hatte, hätte ich mir niemals in dieser Intensität vorstellen können. Ängste aufzubauen und sie kurz darauf wieder zu verlieren erwies sich als Stabilisator meiner Charaktersäulen.

Was jedoch immer gleich blieb, war die Sehnsucht nach meiner Familie. Immerzu dachte ich an meine tolerante, liebenswerte Frau. Ob sie mir meine Abenteuerlust verzeihen konnte?

Der letzte Sherry

Bis ich wieder zu Hause sein musste, sollte noch eine Weile vergehen. Denn meine Reise war noch lange nicht vorbei. Während dieser Reise zeigte mir Steven auch noch, wie Termiten schmecken, indem er in ein kleines, unscheinbares Loch einen Grashalm steckte, woran sich Termiten festbissen, die wir dann direkt vom Grashalm zogen und aßen. Immer wieder gab es Neues zu lernen, um noch sicherer in der Wildnis von Afrika klarzukommen.

Als sich Steve mit mir weiter auf den Weg zum nächsten Camp machte, erlebten wir, wie sich ein Elefantenbulle annäherte, um mit uns spazieren zu gehen. Von Weitem waren wir uns nicht sicher, ob das der Bulle war, den wir zu Beginn unseres Trips bereits beobachtet hatten; doch wenig später erkannten wir ihn an seinem linken, extrem nach innen gedrehten Stoßzahn wieder. Der Stoßzahn war auch ein ganzes Stück länger als der andere. Wir waren uns also sicher und freuten uns über unseren Begleiter. Nie war er uns jemals gefährlich nahe gekommen, er blieb immer auf Abstand und folgte uns bis zum Xugana-Camp. Er war auch nachts in unserer Nähe. Wir hörten ihn, wenn er tief in sich hineinröhrte, als ob er mit uns plaudern wollte, auf seine ganz persönliche Art, um in der Nacht nicht alleine sein zu müssen. Wir hörten, wie er das lange Gras zupfte und hin und wieder zufrieden aus seinem Rüssel schnaufte. Auch Steve genoss die tierische Annäherung, wenngleich er sich nie sicher war, wie er meinte, ob dieser Riese nicht doch noch mal angreifen würde.

Es sollte mein letztes Außencamp auf dieser Walkingtour im Busch sein. Kein Geräusch, kein Geruch, kein Tier würde ich jemals vergessen, schwor ich mir und scheute mich vor meiner letzten Etappe. Auf Löwen waren wir nur noch einmal getroffen, als wir mit ansehen konnten, wie sich zwei Liebende um den Nachwuchs bemühten und uns überhaupt nicht beachteten.

Wir hatten auf unserer letzten Tour wieder unseren persönlichen Bodyguard, der uns nicht aus den Augen ließ. Morgens schon stand er ganz dicht am Camp und beobachtete uns. Wir kamen gut voran, blieben an einigen Stellen stehen, um die Tierherden oder einzelne schöne Exemplare zu beobachten. Leider kamen wir doch noch in dem neuen Hauptcamp an, welches dem von Steve sehr ähnlich war, aber durch eine Besonderheit ergänzt wurde: Ein großer, einladender Holzsteg führte uns über ausgedehnte Sumpfwiesen, die wir normalerweise durchschritten hätten, direkt ins Mainhouse. Inmitten dieser Sumpfwiesen lag eingebettet diese traumhaft angelegte Lodge.

Wir wurden wieder freudig begrüßt, voller Herzlichkeit, die ich in Afrika bereits so oft erleben durfte. Unser grauer Begleiter, der Elefant, blieb in unserer Nähe, und eine der Frauen erzählte uns lachend, dass unser Freund schon einige Male die Küchenvorräte für sich entdeckt habe. Steve tat nicht gerade so, als wäre er besonders überrascht, diese Geschichten zu hören. Ich glaube, er wusste ganz genau, wer uns da tagelang begleitete.

Später, als alle beschäftigt waren und niemand zu sehen war, ging ich unserem freundlichen Riesen das erste

Mal und ganz alleine entgegen, blieb circa zehn Meter vor ihm stehen, voller Respekt. Steve wäre ausgerastet, wenn er diese Aktion gesehen hätte. Es war mir allerdings völlig gleichgültig gewesen, wenn mich jemand gesehen und Theater gemacht hätte. Ich hatte außerdem überhaupt keine Angst, nicht eine Sekunde. Ich hatte das Gefühl, in seinem riesigen Gesicht lesen zu können. Ich war völlig ruhig und fühlte mich in seiner direkten Nähe sehr wohl. Obwohl er ein wildes Tier war, zog er mich magisch an. Es war einer meiner größten Augenblicke in meinem Leben. Ich weiß nicht, wie lange ich bei ihm war, denn Zeit und Raum verloren ihre Bedeutung. Ich saß an diesem Abend so lange es ging auf dem Steg, bevor es leicht anfing zu nieseln, nur um ihn zu beobachten.

Als wir zuvor im Camp angekommen waren, hatten wir noch ausgesehen wie die Schweine. Kaum dass wir die Klamotten gewechselt hatten, nahmen die Frauen unsere Wäsche und wuschen sie richtig durch. Zu allem Überfluss fing es am Abend noch an zu stürmen. Eigentlich eine willkommene Abkühlung nach den heißen Tagen zuvor. Später regnete es wie aus Kübeln, und mein großer grauer Freund stand da draußen wie ein Fels in der Brandung.

Wir aßen also im Haupthaus, welches wie alle in Afrika gebauten Lodges aus massiven Holzstämmen gebaut und mit Stroh eingedeckt war.

Die Lodge sollte die Einleitung zurück in die Zivilisation für mich sein. Ich konnte mich aber mit dem Gedanken überhaupt nicht anfreunden, auch wenn wir noch mitten im Busch waren. Auch wenn es für mich noch weiter durch Afrika ging, würde ich wohl Steve nie mehr wiedersehen, das war mir klar.

Zugleich erklärte mir der Lodge-Leiter, dass wir uns in der Nacht sicher fühlen könnten, wenn wir direkt an den Hütten Geräusche hören sollten. Denn es kämen jede Nacht die Flusspferde an die Lodge, um sich die Küchenabfälle aus dem Wasser zu fischen. Steve und ich sahen uns an, sagten aber keinen Ton zu diesem nett gemeinten Hinweis.

Es gab in dieser Lodge eine kleine Bar, an der sich Steve nach dem Essen niederließ. Er schien sichtlich erleichtert, diese Zwei-Mann-Touren fast alleine durch den Busch überstanden zu haben. Später sagte er mir, dass er am nächsten Morgen abgeholt werde, um mit dem Flugzeug nach Hause geflogen zu werden. Er bat mich, morgen mal richtig auszuschlafen, da er morgen vor der Dämmerung mit dem Jeep zur Landebahn gefahren werde. Für mich folgte ein Abschnitt besonderer Stille. Ich bekam von ihm noch seine Internet-Anschrift, um mich bei ihm mal zu melden, wenn ich wieder zu Hause in Deutschland sei.

Das Wort ›Internet‹ schleuderte mich für Sekunden in die alte Welt. Viel gab es eigentlich nicht mehr zu sagen, bevor er sich von mir verabschiedete. Er fügte noch hinzu, wie schnell er sich an mich gewöhnt habe, nachdem er mich vor Antritt unserer gemeinsamen Tour noch in die Kategorie ›Typischer Deutscher‹ eingestuft hatte. Er musste zugeben, dass ich doch etwas anders war, als er anfangs dachte, sagte er, während er mir ständig die Hand drückte. Dass ich mich im Busch sehr gut bewährt und er schnell Vertrauen zu mir gefunden hätte, das waren für mich wohl die größten Komplimente, die mir je ein Mensch gemacht hatte. Dieses innere Schulterklopfen kannte ich sonst nur von meinem Vater, wenn er mich lobte und ich seinen Stolz sehen konnte.

Der Aufrichtigkeit seiner Worte konnte ich mir sicher sein, denn er war nicht der Typ, der geschwollene Reden hielt. Er sah mir tief in die Augen, als er seine letzten Worte an mich richtete, bevor er ging, ohne sich noch einmal umzudrehen.

»Ick stay dabei, wad ick gesägd habe! Von mi aus kenn du widdakomman.« Das waren seine letzten Worte gewesen.

Nun kam ich mir seit Wochen das erste Mal richtig allein vor. Ich tat so, als würde ich ihn wie gewohnt morgen früh sehen. So setzte ich mich wieder an die Bar, in der Hoffnung, dass Steve vielleicht doch noch auf einen letzten Sherry zurückkäme, bevor er zu Bett ginge. Aber er kam nicht mehr.

Die Nacht war, wie sie sich angekündigt hatte. Nachdem der Regen nachgelassen hatte, hörte ich es unter meiner Plattform schmatzen und schnaufen. Schön, dachte ich, als ich davon wach wurde, schlief aber gleich wieder ein. Denn mittlerweile war ich echt anderes gewohnt.

Am nächsten Morgen fühlte ich mich wie ausgekotzt, denn ich hatte definitiv zu viel getrunken. Ich verschlief den ganzen Morgen. Erst gegen Mittag stand ich auf, weil die Ladys mir die gewaschenen Sachen brachten. Ich war wieder einmal mehr überrascht. Sie brachten mir meine Sachen blitzblank, gebügelt, mit einer Blume im Hemdskragen. Und das mitten im Busch!

Ich schrieb den ganzen Tag in mein mir so lieb gewordenes Tagebuch, badete in einem kleinen Pool auf der Terrasse vor dem Haupthaus und sonnte mich. Es war ein erholsamer Tag. Ich sah hin und wieder mal rüber, wo gestern noch der graue Riese gestanden hatte, blickte in die Wildnis und genoss die unfreiwillige Erholung. Die ganze Zeit sah ich in den Busch, der mir so nahe war und doch so fern. Steve war weg, der Elefant und Bogani waren weg, und ich starrte ins Leere.

Was wäre geworden, wenn ich einfach meinen großen Seesack genommen hätte und an dieser Stelle meiner Sehnsucht einfach gefolgt wäre? Nur so, für ein paar Tage. Ich sah vieles nun mit ganz anderen Augen.

In den nächsten Tagen sollte ich mit Phillip, einem einheimischen Guide, per Einbaum zu einigen Lodges gefahren werden, die ich, laut Planung in Berlin, noch gebucht hatte. Und so war es dann auch. Es war schön, sehr schön, aber ohne jede Bedeutung. Es war für mich die Zeit der Entspannung. Jeden Morgen nach dem Frühstück wurde ich per Einbaum zu einer neuen Lodge gebracht, um für einen Tag lang dort zu verweilen. Ich ruhte richtig aus, war mit meinen Gedanken aber immerzu bei Steve, bei den Tieren und meiner gewonnenen Welt, die ich im Begriff war, wieder zu verlieren. Alle diese Lodges, die ich noch habe kennenlernen dürfen, waren eine Klasse für sich. Ich wurde verwöhnt von vorn bis hinten. Jeden Tag gab es ein anderes Gericht, von denen andere nur träumen können. Ich war nun auch einer von diesen Touristen, die es das ganze Jahr über dort gibt.

Unglaublich, dieser Kontrast in diesem Land. Ich auf der Seite der wenigen Wohlhabenden, die dort ihren Urlaub verbrachten, und Millionen Schwarze auf der Seite, die durch Armut, Krankheit oder Hunger starben wie die Fliegen. Ich werde dieses ungleiche Gefüge nicht ändern können, das dort in Südafrika vorherrscht, habe aber großen Respekt vor Menschen gewonnen, die ihr Leben damit verbringen, anderen zu helfen.

Nach einigen Tagen wurde ich in ein weit entlegenes Elefantencamp gebracht, in dem verwaiste Elefanten aufgezogen werden. Diese zwei Tage waren vollgestopft mit Füttern und Streicheln der kleinen Riesen. Täglich fuhren wir mit dem Jeep hinaus in die Steppe, wo die meisten Elefantenherden waren. Diese zwei Tage waren noch einmal eine große Bereicherung – in freier Wildbahn ganz dicht mit Tieren zu verbringen, als wäre man ein Teil ihrer Welt. Zu den Elefanten hatte ich sehr schnell eine sehr innige Verbindung aufbauen können. Sie zogen mich geradezu an. Immer hatte ich das Gefühl, ich müsse aus dem Wagen aussteigen und mit den Elefanten weiterziehen. Sie kamen mir vor wie eine große Familie, die zu mir gehörte.

Ein Elefantenbulle, für den ich eine spontane Sympathie empfand, kam vor der Abenddämmerung an mein Zelt, welches auf einem Podest in circa drei Meter Höhe stand, sodass ich ihn jeden Abend füttern und sogar streicheln konnte. Ich sprach mit ihm, als wäre er mein großer Freund, den ich wie Steve im Busch zurücklassen musste. Mir war der Riese jedenfalls lieber als die paar Gäste, die auch noch in diesem Camp weilten.

Ich hatte dafür gesorgt, dass ich mit einem der Guides alleine fahren konnte, da mir die anderen Gäste einfach zu viel waren. Es klingt bestimmt arrogant, aber es war so. Ich wollte nur noch alleine sein.

Auch diese zwei Tage vergingen viel zu schnell, fast so, als befände ich mich im Zeitsog einer Sanduhr. Ich hasste es, an den Heimweg zu denken, freute mich aber wahnsinnig auf meine Kinder und auf meine liebe Frau, die so viel besser ist als ich. Es sollten nur noch wenige Tage dort in Afrika sein, bevor ich wieder nach Hause fliegen musste.

Es war mir noch vergönnt, zu den Victoria-Fällen nach Zimbabwe geflogen zu werden, die ich mir auch ansah. Der Flug mit der einmotorigen Cessna über den Busch in maximal hundert Metern Höhe sollte mir noch einmal die Einmaligkeit dieses traumhaften Landes zeigen und die unter uns flüchtenden Tiere ein letztes Mal, meine Liebe zu ihnen und ihrer Freiheit in mir verstärken.

Bis heute vergeht nicht ein Tag, an dem ich nicht morgens aufwache und meine ersten Gedanken mit Afrika verbinde. Den ganzen Tag lang, bis ich abends einschlafe, bin ich gedanklich in Afrika, bei den Tieren und Menschen in Namibia, in Botswana und Angola.

Als ich nach meiner Landung in Zimbabwe die politischen und gesellschaftlichen Missstände spürte, war ich empört, wie diese Regierung mit ihren Leuten umgeht. Ich kam mir vor wie in der ehemaligen DDR, in die ich als Kind jährlich einmal einreisen musste. In meinen Augen taugen diese Regierung und ihr Präsident Mugabe nicht viel. Aber auch das ist nur eine Frage von Zeit, bis diese Typen ableben und das Volk und die Wirtschaft von Zimbabwe sich wieder erholen können. Es war extrem bedrückend nach so viel Freiheit, die ich wochenlang in all den anderen Ländern hatte spüren dürfen.

Diese Victoriafälle waren ebenso gigantisch wie Afrika selbst. Es gibt keinen besseren Ort auf dieser Welt, an dem sie sein könnten. Ich fand auch diese zwei Tage in Zimbabwe irgendwie ganz nett, konnte aber mit dem Touristischen nichts anfangen, denn mir fehlte alles andere. Ich war viel zu lange mit Steve im Busch unterwegs gewesen, als dass es dafür noch eine Steigerung geben könnte.

Meine allerletzte Nacht verbrachte ich in einem etwas außerhalb gelegenen, kleinen privaten Hotel in dem Städtchen Vic-Falls. Nach dem Abendessen ging ich mit einem Glas Bier auf das Dach des Hotels, um die Ruhe des Abends zu genießen und den Stimmen der Natur noch etwas zu lauschen. Ich stand da am Rand des Daches, blickte tief in das Rotorange des Nebels, der sich über den dichten Baumbewuchs des Busches legte, und entschwand gedanklich in die Tiefe der Wildnis. Ein seelischer Sog zog mich in die Tiefe des Landes und ich bekam ein Herzrasen, als hätte ich gerade einen Viertausender bestiegen. Gleichzeitig stiegen Gefühle in mir auf, die mir Angst machten. Was war das denn? Noch nie hatte ich so etwas empfunden. Ich musste da schnell weg – und fragte mich noch an der Hotelbar, was das auf dem Dach gerade gewesen sein mochte.

Es war schwül und stickig. Ich konnte die Vic-Falls vom Garten des Hotels aus höre, Sie dröhnten unaufhörlich. Die ganze Gegend dort war tropisch heiß und nass. Ich versuchte mich mit einem Spaziergang am Abend etwas abzulenken, aber es half mir nicht wirklich. In kürzester Zeit war man völlig nassgeschwitzt und an Schlaf war überhaupt nicht zu denken. Die halbe Nacht stand ich nackt auf der Zimmerterrasse, ging auf und ab und konnte den Sonnenaufgang kaum erwarten. Ich schrieb noch meine letzten Zeilen in mein Tagebuch, das mir mittlerweile so wichtig war.

Am nächsten Morgen stand ich wie gewohnt zur Morgendämmerung auf. Im Hotel schliefen noch alle. Ich ging hinaus, was mir wie eine Befreiung vorkam. Endlich Luft.
Ich lief die Straße entlang, stellte mich an eine höher gelegene Stelle und sah mir meinen letzten Sonnenaufgang in
Afrika an.

Der Rückflug von Zimbabwe über Botswana nach
Namibia, um in Windhoek wieder zu landen, war problemlos. Ich war noch immer mit den schmutzigen, durch-
geschwitzten Klamotten unterwegs, hatte schon tagelang
nicht mehr geduscht, um den Geruch von Afrika nicht zu
verlieren. Ich sah aus und stank bestimmt wie ein kleiner
Elefant. Oder auch wie ein großer?

Mir war es egal. Ich liebte alles, was mich mit Afrika
noch verband. Ich tauchte ab in meine eigene Welt, dachte
an meine Abenteuer und all die schönen Dinge, die dieses
Land mit sich brachte und noch bringen wird. Ich dachte
aber auch an die nicht so schönen Dinge, die es in Afrika
zur Genüge gibt. Meine Erlebniswelt wurde ja auch dadurch bereichert, dass ich miterleben durfte, wie selbstverständlich dort mit dem Tod umgegangen wird. Wie macht-
voll Armut und Krankheit hier regieren dürfen, ohne dass
die korrupten Politiker und Staatsdiener wirklich daran
denken, Abhilfe zu schaffen. Ganz im Gegenteil. Korrup-
tion ist hier das Zauberwort.

Es gibt in Afrika immer noch Kriege, die nicht sein
müssten. Wenn alle Politiker ihre Auseinandersetzungen
selbst austragen würden, die sie ausrufen, würde es keine
mehr geben. Aber das trifft ja für alle Machthaber zu.

Doch trotz der harten Wahrheit über das einfache Leben der einheimischen Bevölkerung lasse ich mich den-

noch hinreißen, dieses Paradies mit meinen Augen zu sehen und mit meinem Herzen zu fühlen.

Nachwort

Als Erstes möchte ich mich bei Ihnen bedanken, dass Sie mein Buch gekauft haben. Ich wünsche mir, dass dieses Buch mindestens einmal Ihre gespannte Aufmerksamkeit und einmal ein kleines Lächeln von Ihnen gefordert hat.

Ich lebe nun wieder wie zuvor, gehe nicht mehr meiner alten Arbeit nach, versuche für meine Kinder da zu sein und bin doch nur in Afrika. Seit Afrika habe ich nach und nach mein Leben völlig umgekrempelt. Ich bin nun auch **der Pigmentist** in Berlin.

Ich habe mir einen Landrover gekauft, trage täglich Safarilook und fühle mich hier so was von fehl am Platz wie die Jahre zuvor auch schon. Ich möchte aber betonen, dass ich vieles nicht mehr so negativ sehe wie zuvor. Denn ich lebte meinen Traum und gestehe mir ein, weiterzuträumen von einem nächsten Abenteuer in Afrika. Dazu kommt, dass ich nur noch Dinge tue, die zu mir gehören, und nicht Dinge, die andere von mir erwarten. Haben auch Sie den Mut, sich zu verändern, denn Veränderungen bedeuten Leben.

Meine Erlebnisse und Lebenserfahrungen in Afrika haben mich gefestigt und mich in meiner Art zu denken und zu fühlen bestätigt, sodass ich mir sicher sein kann, dass es neben meiner wichtigsten Aufgabe im Leben, für meine Familie da zu sein, ruhig eine zweite Welt geben darf, *nämlich meine eigene*. Eine Welt mit Abenteuern und die Lust auf Freiheit. Versuchen Sie es auch einmal, denn Sie leben nur einmal. Sie werden es nicht bereuen. Versprochen!

Diese Erlebnisse zu schildern war mein Versuch, Sie zu ermuntern, Türen aufzubrechen und Dinge zu tun, die Sie schon immer tun wollten. Haben Sie den Mut zu einem Schritt, den nur Sie gehen können. Möglicherweise wird es Ihr Leben zu hundert Prozent bereichern oder sogar total verändern. Leben Sie einfach auch mal Ihren Traum, wie auch immer er aussehen mag. Haben Sie keine Angst vor sich selbst ... oder vor der Wildnis in AFRIKA.